新刑事诉讼法修改前后条文对照表

XinXingshisusongfa Xiugai Qianhou
Tiaowen Duizhaobiao

全国人大常委会法工委刑法室主任 王爱立 主编

人民法院出版社

图书在版编目（CIP）数据

新刑事诉讼法修改前后条文对照表/王爱立主编.
—北京：人民法院出版社，2018.11
ISBN 978-7-5109-2313-5

Ⅰ.①新…　Ⅱ.①王…　Ⅲ.①刑事诉讼法–研究–中国
Ⅳ.①D925.204

中国版本图书馆 CIP 数据核字（2018）第 246459 号

新刑事诉讼法修改前后条文对照表
王爱立　主编

责任编辑	兰丽专　陈晓璇　**执行编辑**　马倩	
出版发行	人民法院出版社	
地　　址	北京市东城区东交民巷 27 号（100745）	
电　　话	（010）67550520（责任编辑）　67550558（发行部查询）	
	65223677（读者服务部）	
网　　址	http://www.courtbook.com.cn	
E–mail	courtpress@sohu.com	
印　　刷	三河市国英印务有限公司	
经　　销	新华书店	

开　　本	787×1092 毫米　1/16
字　　数	167 千字
印　　张	12
版　　次	2018 年 11 月第 1 版　2019 年 1 月第 2 次印刷
书　　号	ISBN 978-7-5109-2313-5
定　　价	48.00 元

出版说明

2018 年 10 月 26 日，第十三届全国人民代表大会常务委员会第六次会议通过了《关于修改〈中华人民共和国刑事诉讼法〉的决定》。这是继 2012 年刑事诉讼法修改以来，我国刑事诉讼制度的又一次重要修改与完善。本次修改以深入学习贯彻习近平新时代中国特色社会主义思想和党的十九大精神为指引，紧紧围绕推进"四个全面"战略布局，坚决贯彻落实党中央关于深化国家监察体制改革、建立刑事缺席审判制度、实行认罪认罚从宽制度和速裁程序的决策部署，进一步完善中国特色刑事诉讼制度，深化司法体制改革，推进国家治理体系和治理能力现代化。从具体内容看，修改刑事诉讼法的决定共 26 条，刑事诉讼法条文由原来的 290 条增加到 308 条。为帮助广大读者更好地学习和掌握修改后的刑事诉讼法，我们特意组织编辑了本书。

本书对刑事诉讼法的修改要点做了精要导读，以帮助读者快速了解、掌握此次修改的重点。同时，书中特别收录的《〈中华人民共和国刑事诉讼法〉修改前后条文对照表》，是我室参与立法工作的人员，根据长期立法工作经验编辑而成。该对照表具有以下特点：

1. **同序对照**。修改后的条文和原条文不仅相互对照，而且特意作同序安排，即都按照各自自然顺序排列。这样，不仅能够对照发现修改之处，而且可以很方便地查阅新条文和原条文。

2. **醒目标识**。对照表对新条文修改、增加之处作黑体标识；

对原条文修改、删去之处加阴影标识。结合同序对照，修改之处一目了然。

3. **精准注解**。刑事诉讼法修改中，有些内容涉及多个条文相关内容的重新整合，对这些条文，除了在对照表中作出明确标识外，还将条文的历次修改时间、修改内容的来源及去向等在相应移入、移出条文后加以明确注解。这样，使得相关条文之间的传承关系非常清晰，便于学习和掌握。

本书专门为表中新修改的刑事诉讼法做了一份目录，希望能有效提高学习新刑事诉讼法的效率，为读者的学习和工作带来便利。另外，本书也收录了 2018 年 10 月 26 日通过的全国人民代表大会常务委员会关于修改《中华人民共和国刑事诉讼法》的决定及根据决定修改并重新公布的《中华人民共和国刑事诉讼法》，以便读者学习查阅。

全国人大常委会

法制工作委员会刑法室

二〇一八年十月

目　录

《中华人民共和国刑事诉讼法》
修改要点导读

2018 年 10 月 26 日，第十三届全国人民代表大会常务委员会第六次会议通过了《关于修改〈中华人民共和国刑事诉讼法〉的决定》（以下简称《决定》），这是全国人大及其常委会对我国刑事诉讼法第三次作出修改。这次修改，贯彻落实党中央深化国家监察体制改革、反腐败追逃追赃、深化司法体制改革等方面的重大决策部署，对进一步完善中国特色刑事诉讼制度，深化司法体制改革，推进国家治理体系和治理能力现代化，具有重要意义。

一、修改刑事诉讼法的必要性和工作过程

党的十八大以来，以习近平同志为核心的党中央协调推进"四个全面"战略布局，在深化国家监察体制改革、反腐败追逃追赃、深化司法体制改革等方面作出了一系列重大决策部署，取得了重大成果和进展。从刑事诉讼制度来看，应当及时调整跟进。一是为保障国家监察体制改革顺利进行，需要完善监察与刑事诉讼的衔接机制；二是为加强境外追逃工作力度和手段，需要建立刑事缺席审判制度；三是总结认罪处罚从宽制度、速裁程序试点工作经验，需要将可复制、可推广的行之有效做法上升为法律规范，在全国范围内实行。从上述三个方面，有针对性地对刑

事诉讼法作出适当的修改补充，是必要的。

2015 年以来，全国人大常委会法工委密切关注有关司法改革试点工作进展情况，及时总结试点经验；深入研究有关诉讼理论，借鉴国外法律规定和有益做法；广泛开展调研，深入听取各方面对修改刑事诉讼法的意见；加强沟通协调，会同有关方面在工作层面反复共同研究，并多次听取有关专家学者的意见，在各方面基本形成共识的基础上，形成了《中华人民共和国刑事诉讼法（修正草案）》。2018 年 4 月 25 日，第十三届全国人大常委会第二次会议对《中华人民共和国刑事诉讼法（修正草案）》进行了初次审议。会后，全国人大宪法和法律委、全国人大常委会法工委广泛征求各地方、部门、单位的意见，两次在中国人大网全文公布草案征求社会公众意见，根据常委会组成人员的审议意见和各方面的意见，对草案进一步修改完善。8 月下旬，第十三届全国人大常委会第五次会议对草案进行了二次审议。10 月下旬，第十三届全国人大常委会第六次会议对草案进行了第三次审议，并于 10 月 26 日表决通过。

二、《决定》的主要内容

《决定》共 26 条，涉及修改刑事诉讼法 18 个条文，在刑事诉讼法中新增加 18 条规定。包括以下主要内容：

（一）完善与监察法的衔接机制，调整人民检察院侦查职权

2018 年 3 月，第十三届全国人大一次会议审议通过了宪法修正案和监察法。为做好与监察法的衔接，《决定》对刑事诉讼法作了以下修改补充：

1. 删去人民检察院对贪污贿赂等案件行使侦查权的规定，保留人民检察院在诉讼活动法律监督中发现的司法工作人员利用职权实施的非法拘禁、刑讯逼供、非法搜查等侵犯公民权利、损害司法公正的犯罪的侦查权。

2. 相应修改有关程序规定，在刑事诉讼法关于侦查期间辩护律师会见经许可、指定居所监视居住、采取技术侦查措施的规定

中，删去有关贪污贿赂犯罪的内容。

3. 对人民检察院审查起诉监察机关移送的案件、留置措施与刑事强制措施之间的衔接机制作出规定。明确人民检察院对于监察机关移送起诉的案件，依照刑事诉讼法和监察法的有关规定进行审查；认为需要补充核实的，应当退回监察机关补充调查，必要时可以自行补充侦查。对于监察机关移送起诉的已采取留置措施的案件，人民检察院应当对犯罪嫌疑人先行拘留，留置措施自动解除，人民检察院应当在十日以内作出是否逮捕、取保候审或者监视居住的决定。在特殊情况下，决定的时间可以延长。人民检察院决定采取强制措施的期间不计入审查起诉期限。

（二）建立刑事缺席审判制度

《决定》在刑事诉讼法第五编特别程序中增设缺席审判程序一章，主要规定以下内容：

1. 建立犯罪嫌疑人、被告人在境外的缺席审判程序，明确缺席审判的案件范围。规定对于贪污贿赂犯罪案件，以及需要及时进行审判，经最高人民检察院核准的严重危害国家安全犯罪、恐怖活动犯罪案件，犯罪嫌疑人、被告人在境外，监察机关、公安机关移送起诉，人民检察院认为犯罪事实已经查清，证据确实、充分，依法应当追究刑事责任的，可以向人民法院提起公诉。人民法院进行审查后，对于起诉书中有明确的指控犯罪事实，符合缺席审判程序适用条件的，应当决定开庭审判。

2. 规定犯罪嫌疑人、被告人在境外的缺席审判的具体程序。一是明确由犯罪地、被告人居住地或者最高人民法院指定的中级人民法院组成合议庭进行审理。二是规定人民法院通过司法协助方式或者被告人所在地法律允许的其他方式，将传票和起诉书副本送达被告人。三是规定被告人未按要求到案的，人民法院应当开庭审理，依法作出判决，并对违法所得及其他涉案财产作出处理。

3. 充分保障被告人的诉讼权利。一是对委托辩护和提供法律援助作出规定。二是赋予被告人的近亲属上诉权。三是规定人民法院应当告知罪犯有权对判决、裁定提出异议。罪犯提出异议的，人民法院应当重新审理。

4. 根据司法实践情况和需求，增加对被告人患有严重疾病中止审理和被告人死亡案件可以缺席审判的规定。

（三）完善刑事案件认罪认罚从宽制度和增加速裁程序

总结认罪认罚从宽制度和速裁程序试点工作中行之有效的做法，《决定》对刑事诉讼法作以下修改补充：

1. 在刑事诉讼法第一编第一章中明确刑事案件认罪认罚可以依法从宽处理的原则，作为统领性规定。

2. 完善刑事案件认罪认罚从宽的程序规定。包括侦查机关告知诉讼权利和将认罪情况记录在案；人民检察院在审查起诉阶段就案件处理听取意见，犯罪嫌疑人认罪认罚的，签署认罪认罚具结书；人民检察院提出量刑建议和人民法院如何采纳量刑建议；人民法院审查认罪认罚自愿性和具结书真实性合法性等。并规定，犯罪嫌疑人认罪认罚，有重大立功或者案件涉及国家重大利益的，经最高人民检察院核准，可以撤销案件或者不起诉。

3. 增加速裁程序。适用于基层人民法院管辖的可能判处三年有期徒刑以下刑罚、被告人认罪认罚，民事赔偿问题已经解决的案件。规定速裁程序不受刑事诉讼法规定的送达期限的限制，一般不进行法庭调查、法庭辩论，但应当听取辩护人的意见和被告人的最后陈述意见；应当当庭宣判。同时，对办案期限和不宜适用速裁的程序转化作出规定。

4. 加强对当事人的权利保障。对诉讼权利告知、建立值班律师制度、明确将认罪认罚作为采取强制措施时判断社会危险性的考虑因素等作出规定。

（四）与已经制定或者修改的法律衔接，作出相应修改

1. 与全国人大常委会已经通过的刑法修正案（九）衔接，对有关被判处死刑缓期执行的罪犯重新犯罪的处理和被判处财产刑的刑罚执行程序作出相应修改。

2. 律师法、公证法等法律根据建立终身禁止从事法律职业制

度的要求作了修改，规定被开除公职和被吊销律师、公证员执业证书的人，不得担任辩护人，但系犯罪嫌疑人、被告人的监护人、近亲属的除外。刑事诉讼法增加了相应规定。

3. 人民陪审员法规定，人民陪审员参与审判案件时，由审判员和人民陪审员共三人或者七人组成合议庭进行。与人民陪审员法的规定衔接，刑事诉讼法作出相应修改。

4. 2018 年 6 月，第十三届全国人大常委会第三次会议通过的《关于中国海警局行使海上维权执法职权的决定》，规定中国海警局履行海上维权执法职责，执行打击海上违法犯罪活动、维护海上治安和安全保卫等任务，行使法律规定的公安机关相应执法职权，同时要求在条件成熟时修改有关法律。为与《决定》衔接，在刑事诉讼法附则中增加规定，中国海警局履行海上维权执法职责，对海上发生的刑事案件行使侦查权，以明确中国海警局的侦查主体地位，并规定中国海警局办理刑事案件，适用刑事诉讼法的有关规定。

《中华人民共和国刑事诉讼法》修改前后条文对照表

《中华人民共和国刑事诉讼法》 （2012 年 3 月 14 日第二次修正） （阴影部分是 2018 年删去的内容）	《中华人民共和国刑事诉讼法》 （2018 年 10 月 26 日第三次修正） （黑体部分是 2018 年增加的内容）
第一编 总 则	**第一编 总 则**
第一章 任务和基本原则	**第一章 任务和基本原则**
第一条 为了保证刑法的正确实施，惩罚犯罪，保护人民，保障国家安全和社会公共安全，维护社会主义社会秩序，根据宪法，制定本法。 （1979 年规定，1996 年修改）	**第一条** 为了保证刑法的正确实施，惩罚犯罪，保护人民，保障国家安全和社会公共安全，维护社会主义社会秩序，根据宪法，制定本法。
第二条 中华人民共和国刑事诉讼法的任务，是保证准确、及时地查明犯罪事实，正确应用法律，惩罚犯罪分子，保障无罪的人不受刑事追究，教育公民自觉遵守法律，积极同犯罪行为作斗争，维护社会主义法制，尊重和保障人权，保护公民的人身权利、财产权利、民主权利和其他权利，保障社会主义建设事业的顺利进行。 （1979 年规定，1996 年和 2012 年修改）	**第二条** 中华人民共和国刑事诉讼法的任务，是保证准确、及时地查明犯罪事实，正确应用法律，惩罚犯罪分子，保障无罪的人不受刑事追究，教育公民自觉遵守法律，积极同犯罪行为作斗争，维护社会主义法制，尊重和保障人权，保护公民的人身权利、财产权利、民主权利和其他权利，保障社会主义建设事业的顺利进行。

《中华人民共和国刑事诉讼法》 （2012 年 3 月 14 日第二次修正） （阴影部分是 2018 年删去的内容）	《中华人民共和国刑事诉讼法》 （2018 年 10 月 26 日第三次修正） （黑体部分是 2018 年增加的内容）
第三条 对刑事案件的侦查、拘留、执行逮捕、预审，由公安机关负责。检察、批准逮捕、检察机关直接受理的案件的侦查、提起公诉，由人民检察院负责。审判由人民法院负责。除法律特别规定的以外，其他任何机关、团体和个人都无权行使这些权力。 人民法院、人民检察院和公安机关进行刑事诉讼，必须严格遵守本法和其他法律的有关规定。 （1979 年规定，1996 年修改）	**第三条** 对刑事案件的侦查、拘留、执行逮捕、预审，由公安机关负责。检察、批准逮捕、检察机关直接受理的案件的侦查、提起公诉，由人民检察院负责。审判由人民法院负责。除法律特别规定的以外，其他任何机关、团体和个人都无权行使这些权力。 人民法院、人民检察院和公安机关进行刑事诉讼，必须严格遵守本法和其他法律的有关规定。
第四条 国家安全机关依照法律规定，办理危害国家安全的刑事案件，行使与公安机关相同的职权。 （1996 年增加）	**第四条** 国家安全机关依照法律规定，办理危害国家安全的刑事案件，行使与公安机关相同的职权。
第五条 人民法院依照法律规定独立行使审判权，人民检察院依照法律规定独立行使检察权，不受行政机关、社会团体和个人的干涉。 （1996 年增加）	**第五条** 人民法院依照法律规定独立行使审判权，人民检察院依照法律规定独立行使检察权，不受行政机关、社会团体和个人的干涉。
第六条 人民法院、人民检察院和公安机关进行刑事诉讼，必须依靠群众，必须以事实为根据，以法律为准绳。对于一切公民，在适用法律上一律平等，在法律面前，不允许有任何特权。 （1979 年规定）	**第六条** 人民法院、人民检察院和公安机关进行刑事诉讼，必须依靠群众，必须以事实为根据，以法律为准绳。对于一切公民，在适用法律上一律平等，在法律面前，不允许有任何特权。
第七条 人民法院、人民检察院和公安机关进行刑事诉讼，应当分工负责，互相配合，互相制约，以保证准确有效地执行法律。 （1979 年规定）	**第七条** 人民法院、人民检察院和公安机关进行刑事诉讼，应当分工负责，互相配合，互相制约，以保证准确有效地执行法律。

《中华人民共和国刑事诉讼法》 （2012年3月14日第二次修正） （阴影部分是2018年删去的内容）	《中华人民共和国刑事诉讼法》 （2018年10月26日第三次修正） （黑体部分是2018年增加的内容）
第八条　人民检察院依法对刑事诉讼实行法律监督。 　（1996年增加）	**第八条　人民检察院依法对刑事诉讼实行法律监督。**
第九条　各民族公民都有用本民族语言文字进行诉讼的权利。人民法院、人民检察院和公安机关对于不通晓当地通用的语言文字的诉讼参与人，应当为他们翻译。 　在少数民族聚居或者多民族杂居的地区，应当用当地通用的语言进行审讯，用当地通用的文字发布判决书、布告和其他文件。 　（1979年规定）	**第九条　各民族公民都有用本民族语言文字进行诉讼的权利。人民法院、人民检察院和公安机关对于不通晓当地通用的语言文字的诉讼参与人，应当为他们翻译。** 　**在少数民族聚居或者多民族杂居的地区，应当用当地通用的语言进行审讯，用当地通用的文字发布判决书、布告和其他文件。**
第十条　人民法院审判案件，实行两审终审制。 　（1979年规定）	**第十条　人民法院审判案件，实行两审终审制。**
第十一条　人民法院审判案件，除本法另有规定的以外，一律公开进行。被告人有权获得辩护，人民法院有义务保证被告人获得辩护。 　（1979年规定）	**第十一条　人民法院审判案件，除本法另有规定的以外，一律公开进行。被告人有权获得辩护，人民法院有义务保证被告人获得辩护。**
第十二条　未经人民法院依法判决，对任何人都不得确定有罪。 　（1996年增加）	**第十二条　未经人民法院依法判决，对任何人都不得确定有罪。**
第十三条　人民法院审判案件，依照本法实行人民陪审员陪审的制度。 　（1979年规定）	**第十三条　人民法院审判案件，依照本法实行人民陪审员陪审的制度。**

《中华人民共和国刑事诉讼法》 （2012 年 3 月 14 日第二次修正） （阴影部分是 2018 年删去的内容）	《中华人民共和国刑事诉讼法》 （2018 年 10 月 26 日第三次修正） （黑体部分是 2018 年增加的内容）
第十四条　人民法院、人民检察院和公安机关应当保障犯罪嫌疑人、被告人和其他诉讼参与人依法享有的辩护权和其他诉讼权利。 　　诉讼参与人对于审判人员、检察人员和侦查人员侵犯公民诉讼权利和人身侮辱的行为，有权提出控告。 　　（1979 年规定，1996 年和 2012 年修改）	第十四条　人民法院、人民检察院和公安机关应当保障犯罪嫌疑人、被告人和其他诉讼参与人依法享有的辩护权和其他诉讼权利。 　　诉讼参与人对于审判人员、检察人员和侦查人员侵犯公民诉讼权利和人身侮辱的行为，有权提出控告。
	第十五条　犯罪嫌疑人、被告人自愿如实供述自己的罪行，承认指控的犯罪事实，愿意接受处罚的，可以依法从宽处理。 　　（2018 年增加）
第十五条　有下列情形之一的，不追究刑事责任，已经追究的，应当撤销案件，或者不起诉，或者终止审理，或者宣告无罪： 　　（一）情节显著轻微、危害不大，不认为是犯罪的； 　　（二）犯罪已过追诉时效期限的； 　　（三）经特赦令免除刑罚的； 　　（四）依照刑法告诉才处理的犯罪，没有告诉或者撤回告诉的； 　　（五）犯罪嫌疑人、被告人死亡的； 　　（六）其他法律规定免予追究刑事责任的。 　　（1979 年规定，1996 年修改）	第十六条　有下列情形之一的，不追究刑事责任，已经追究的，应当撤销案件，或者不起诉，或者终止审理，或者宣告无罪： 　　（一）情节显著轻微、危害不大，不认为是犯罪的； 　　（二）犯罪已过追诉时效期限的； 　　（三）经特赦令免除刑罚的； 　　（四）依照刑法告诉才处理的犯罪，没有告诉或者撤回告诉的； 　　（五）犯罪嫌疑人、被告人死亡的； 　　（六）其他法律规定免予追究刑事责任的。

《中华人民共和国刑事诉讼法》 （2012 年 3 月 14 日第二次修正） （阴影部分是 2018 年删去的内容）	《中华人民共和国刑事诉讼法》 （2018 年 10 月 26 日第三次修正） （黑体部分是 2018 年增加的内容）
第十六条　对于外国人犯罪应当追究刑事责任的，适用本法的规定。 对于享有外交特权和豁免权的外国人犯罪应当追究刑事责任的，通过外交途径解决。 （1979 年规定）	第十七条　对于外国人犯罪应当追究刑事责任的，适用本法的规定。 对于享有外交特权和豁免权的外国人犯罪应当追究刑事责任的，通过外交途径解决。
第十七条　根据中华人民共和国缔结或者参加的国际条约，或者按照互惠原则，我国司法机关和外国司法机关可以相互请求刑事司法协助。 （1996 年增加）	第十八条　根据中华人民共和国缔结或者参加的国际条约，或者按照互惠原则，我国司法机关和外国司法机关可以相互请求刑事司法协助。
第二章　管　辖	第二章　管　辖
第十八条　刑事案件的侦查由公安机关进行，法律另有规定的除外。 贪污贿赂犯罪，国家工作人员的渎职犯罪，国家机关工作人员利用职权实施的非法拘禁、刑讯逼供、报复陷害、非法搜查的侵犯公民人身权利的犯罪以及侵犯公民民主权利的犯罪，由人民检察院立案侦查。对于国家机关工作人员利用职权实施的其他重大的犯罪案件，需要由人民检察院直接受理的时候，经省级以上人民检察院决定，可以由人民检察院立案侦查。 自诉案件，由人民法院直接受理。 （1979 年规定，1996 年修改）	第十九条　刑事案件的侦查由公安机关进行，法律另有规定的除外。 **人民检察院在对诉讼活动实行法律监督中发现的司法**工作人员利用职权实施的非法拘禁、刑讯逼供、非法搜查**等**侵犯公民权利、**损害司法公正**的犯罪，**可以**由人民检察院立案侦查。对于**公安机关管辖的**国家机关工作人员利用职权实施的重大犯罪案件，需要由人民检察院直接受理的时候，经省级以上人民检察院决定，可以由人民检察院立案侦查。 自诉案件，由人民法院直接受理。 （2018 年修改）
第十九条　基层人民法院管辖第一审普通刑事案件，但是依照本法由上级人民法院管辖的除外。 （1979 年规定）	第二十条　基层人民法院管辖第一审普通刑事案件，但是依照本法由上级人民法院管辖的除外。

《中华人民共和国刑事诉讼法》 （2012 年 3 月 14 日第二次修正） （阴影部分是 2018 年删去的内容）	《中华人民共和国刑事诉讼法》 （2018 年 10 月 26 日第三次修正） （黑体部分是 2018 年增加的内容）
第二十条　中级人民法院管辖下列第一审刑事案件： （一）危害国家安全、恐怖活动案件； （二）可能判处无期徒刑、死刑的案件。 （1979 年规定，1996 年和 2012 年修改）	第二十一条　中级人民法院管辖下列第一审刑事案件： （一）危害国家安全、恐怖活动案件； （二）可能判处无期徒刑、死刑的案件。
第二十一条　高级人民法院管辖的第一审刑事案件，是全省（自治区、直辖市）性的重大刑事案件。 （1979 年规定，1996 年修改）	第二十二条　高级人民法院管辖的第一审刑事案件，是全省（自治区、直辖市）性的重大刑事案件。
第二十二条　最高人民法院管辖的第一审刑事案件，是全国性的重大刑事案件。 （1979 年规定）	第二十三条　最高人民法院管辖的第一审刑事案件，是全国性的重大刑事案件。
第二十三条　上级人民法院在必要的时候，可以审判下级人民法院管辖的第一审刑事案件；下级人民法院认为案情重大、复杂需要由上级人民法院审判的第一审刑事案件，可以请求移送上一级人民法院审判。 （1979 年规定，1996 年修改）	第二十四条　上级人民法院在必要的时候，可以审判下级人民法院管辖的第一审刑事案件；下级人民法院认为案情重大、复杂需要由上级人民法院审判的第一审刑事案件，可以请求移送上一级人民法院审判。
第二十四条　刑事案件由犯罪地的人民法院管辖。如果由被告人居住地的人民法院审判更为适宜的，可以由被告人居住地的人民法院管辖。 （1979 年规定）	第二十五条　刑事案件由犯罪地的人民法院管辖。如果由被告人居住地的人民法院审判更为适宜的，可以由被告人居住地的人民法院管辖。

《中华人民共和国刑事诉讼法》 （2012年3月14日第二次修正） （阴影部分是2018年删去的内容）	《中华人民共和国刑事诉讼法》 （2018年10月26日第三次修正） （黑体部分是2018年增加的内容）
第二十五条　几个同级人民法院都有权管辖的案件，由最初受理的人民法院审判。在必要的时候，可以移送主要犯罪地的人民法院审判。 　　（1979年规定）	**第二十六条**　几个同级人民法院都有权管辖的案件，由最初受理的人民法院审判。在必要的时候，可以移送主要犯罪地的人民法院审判。
第二十六条　上级人民法院可以指定下级人民法院审判管辖不明的案件，也可以指定下级人民法院将案件移送其他人民法院审判。 　　（1979年规定）	**第二十七条**　上级人民法院可以指定下级人民法院审判管辖不明的案件，也可以指定下级人民法院将案件移送其他人民法院审判。
第二十七条　专门人民法院案件的管辖另行规定。 　　（1979年规定）	**第二十八条**　专门人民法院案件的管辖另行规定。
第三章　回　避	**第三章　回　避**
第二十八条　审判人员、检察人员、侦查人员有下列情形之一的，应当自行回避，当事人及其法定代理人也有权要求他们回避： 　　（一）是本案的当事人或者是当事人的近亲属的； 　　（二）本人或者他的近亲属和本案有利害关系的； 　　（三）担任过本案的证人、鉴定人、辩护人、诉讼代理人的； 　　（四）与本案当事人有其他关系，可能影响公正处理案件的。 　　（1979年规定，1996年修改）	**第二十九条**　审判人员、检察人员、侦查人员有下列情形之一的，应当自行回避，当事人及其法定代理人也有权要求他们回避： 　　（一）是本案的当事人或者是当事人的近亲属的； 　　（二）本人或者他的近亲属和本案有利害关系的； 　　（三）担任过本案的证人、鉴定人、辩护人、诉讼代理人的； 　　（四）与本案当事人有其他关系，可能影响公正处理案件的。

《中华人民共和国刑事诉讼法》 （2012年3月14日第二次修正） （阴影部分是2018年删去的内容）	《中华人民共和国刑事诉讼法》 （2018年10月26日第三次修正） （黑体部分是2018年增加的内容）
第二十九条　审判人员、检察人员、侦查人员不得接受当事人及其委托的人的请客送礼，不得违反规定会见当事人及其委托的人。 审判人员、检察人员、侦查人员违反前款规定的，应当依法追究法律责任。当事人及其法定代理人有权要求他们回避。 （1996年增加）	第三十条　审判人员、检察人员、侦查人员不得接受当事人及其委托的人的请客送礼，不得违反规定会见当事人及其委托的人。 审判人员、检察人员、侦查人员违反前款规定的，应当依法追究法律责任。当事人及其法定代理人有权要求他们回避。
第三十条　审判人员、检察人员、侦查人员的回避，应当分别由院长、检察长、公安机关负责人决定；院长的回避，由本院审判委员会决定；检察长和公安机关负责人的回避，由同级人民检察院检察委员会决定。 对侦查人员的回避作出决定前，侦查人员不能停止对案件的侦查。 对驳回申请回避的决定，当事人及其法定代理人可以申请复议一次。 （1979年规定，1996年修改）	第三十一条　审判人员、检察人员、侦查人员的回避，应当分别由院长、检察长、公安机关负责人决定；院长的回避，由本院审判委员会决定；检察长和公安机关负责人的回避，由同级人民检察院检察委员会决定。 对侦查人员的回避作出决定前，侦查人员不能停止对案件的侦查。 对驳回申请回避的决定，当事人及其法定代理人可以申请复议一次。
第三十一条　本章关于回避的规定适用于书记员、翻译人员和鉴定人。 辩护人、诉讼代理人可以依照本章的规定要求回避、申请复议。 （1979年规定，1996年和2012年修改）	第三十二条　本章关于回避的规定适用于书记员、翻译人员和鉴定人。 辩护人、诉讼代理人可以依照本章的规定要求回避、申请复议。

《中华人民共和国刑事诉讼法》 （2012 年 3 月 14 日第二次修正） （阴影部分是 2018 年删去的内容）	《中华人民共和国刑事诉讼法》 （2018 年 10 月 26 日第三次修正） （黑体部分是 2018 年增加的内容）
第四章　辩护与代理	第四章　辩护与代理
第三十二条　犯罪嫌疑人、被告人除自己行使辩护权以外，还可以委托一至二人作为辩护人。下列的人可以被委托为辩护人： 　　（一）律师； 　　（二）人民团体或者犯罪嫌疑人、被告人所在单位推荐的人； 　　（三）犯罪嫌疑人、被告人的监护人、亲友。 　　正在被执行刑罚或者依法被剥夺、限制人身自由的人，不得担任辩护人。 　　（1979 年规定，1996 年修改）	第三十三条　犯罪嫌疑人、被告人除自己行使辩护权以外，还可以委托一至二人作为辩护人。下列的人可以被委托为辩护人： 　　（一）律师； 　　（二）人民团体或者犯罪嫌疑人、被告人所在单位推荐的人； 　　（三）犯罪嫌疑人、被告人的监护人、亲友。 　　正在被执行刑罚或者依法被剥夺、限制人身自由的人，不得担任辩护人。 　　**被开除公职和被吊销律师、公证员执业证书的人，不得担任辩护人，但系犯罪嫌疑人、被告人的监护人、近亲属的除外。** 　　（2018 年修改）

《中华人民共和国刑事诉讼法》 （2012年3月14日第二次修正） （阴影部分是2018年删去的内容）	《中华人民共和国刑事诉讼法》 （2018年10月26日第三次修正） （黑体部分是2018年增加的内容）
第三十三条 犯罪嫌疑人自被侦查机关第一次讯问或者采取强制措施之日起，有权委托辩护人；在侦查期间，只能委托律师作为辩护人。被告人有权随时委托辩护人。 侦查机关在第一次讯问犯罪嫌疑人或者对犯罪嫌疑人采取强制措施的时候，应当告知犯罪嫌疑人有权委托辩护人。人民检察院自收到移送审查起诉的案件材料之日起三日以内，应当告知犯罪嫌疑人有权委托辩护人。人民法院自受理案件之日起三日以内，应当告知被告人有权委托辩护人。犯罪嫌疑人、被告人在押期间要求委托辩护人的，人民法院、人民检察院和公安机关应当及时转达其要求。 犯罪嫌疑人、被告人在押的，也可以由其监护人、近亲属代为委托辩护人。 辩护人接受犯罪嫌疑人、被告人委托后，应当及时告知办理案件的机关。 （1996年增加，2012年修改） （2012年修改刑事诉讼法时将1996年刑事诉讼法第九十六条有关内容移至本条）	**第三十四条** 犯罪嫌疑人自被侦查机关第一次讯问或者采取强制措施之日起，有权委托辩护人；在侦查期间，只能委托律师作为辩护人。被告人有权随时委托辩护人。 侦查机关在第一次讯问犯罪嫌疑人或者对犯罪嫌疑人采取强制措施的时候，应当告知犯罪嫌疑人有权委托辩护人。人民检察院自收到移送审查起诉的案件材料之日起三日以内，应当告知犯罪嫌疑人有权委托辩护人。人民法院自受理案件之日起三日以内，应当告知被告人有权委托辩护人。犯罪嫌疑人、被告人在押期间要求委托辩护人的，人民法院、人民检察院和公安机关应当及时转达其要求。 犯罪嫌疑人、被告人在押的，也可以由其监护人、近亲属代为委托辩护人。 辩护人接受犯罪嫌疑人、被告人委托后，应当及时告知办理案件的机关。

《中华人民共和国刑事诉讼法》 （2012 年 3 月 14 日第二次修正） （阴影部分是 2018 年删去的内容）	《中华人民共和国刑事诉讼法》 （2018 年 10 月 26 日第三次修正） （黑体部分是 2018 年增加的内容）
第三十四条 犯罪嫌疑人、被告人因经济困难或者其他原因没有委托辩护人的，本人及其近亲属可以向法律援助机构提出申请。对符合法律援助条件的，法律援助机构应当指派律师为其提供辩护。 犯罪嫌疑人、被告人是盲、聋、哑人，或者是尚未完全丧失辨认或者控制自己行为能力的精神病人，没有委托辩护人的，人民法院、人民检察院和公安机关应当通知法律援助机构指派律师为其提供辩护。 犯罪嫌疑人、被告人可能被判处无期徒刑、死刑，没有委托辩护人的，人民法院、人民检察院和公安机关应当通知法律援助机构指派律师为其提供辩护。 （1979 年规定，1996 年和 2012 年修改）	**第三十五条** 犯罪嫌疑人、被告人因经济困难或者其他原因没有委托辩护人的，本人及其近亲属可以向法律援助机构提出申请。对符合法律援助条件的，法律援助机构应当指派律师为其提供辩护。 犯罪嫌疑人、被告人是盲、聋、哑人，或者是尚未完全丧失辨认或者控制自己行为能力的精神病人，没有委托辩护人的，人民法院、人民检察院和公安机关应当通知法律援助机构指派律师为其提供辩护。 犯罪嫌疑人、被告人可能被判处无期徒刑、死刑，没有委托辩护人的，人民法院、人民检察院和公安机关应当通知法律援助机构指派律师为其提供辩护。
	第三十六条 法律援助机构可以在人民法院、看守所等场所派驻值班律师。犯罪嫌疑人、被告人没有委托辩护人，法律援助机构没有指派律师为其提供辩护的，由值班律师为犯罪嫌疑人、被告人提供法律咨询、程序选择建议、申请变更强制措施、对案件处理提出意见等法律帮助。 人民法院、人民检察院、看守所应当告知犯罪嫌疑人、被告人有权约见值班律师，并为犯罪嫌疑人、被告人约见值班律师提供便利。 （2018 年增加）

《中华人民共和国刑事诉讼法》 （2012年3月14日第二次修正） （阴影部分是2018年删去的内容）	《中华人民共和国刑事诉讼法》 （2018年10月26日第三次修正） （黑体部分是2018年增加的内容）
第三十五条 辩护人的责任是根据事实和法律，提出犯罪嫌疑人、被告人无罪、罪轻或者减轻、免除其刑事责任的材料和意见，维护犯罪嫌疑人、被告人的诉讼权利和其他合法权益。 （1979年规定，2012年修改）	**第三十七条** 辩护人的责任是根据事实和法律，提出犯罪嫌疑人、被告人无罪、罪轻或者减轻、免除其刑事责任的材料和意见，维护犯罪嫌疑人、被告人的诉讼权利和其他合法权益。
第三十六条 辩护律师在侦查期间可以为犯罪嫌疑人提供法律帮助；代理申诉、控告；申请变更强制措施；向侦查机关了解犯罪嫌疑人涉嫌的罪名和案件有关情况，提出意见。 （1996年增加，2012年修改） （2012年修改刑事诉讼法时将1996年刑事诉讼法第九十六条有关内容移至本条）	**第三十八条** 辩护律师在侦查期间可以为犯罪嫌疑人提供法律帮助；代理申诉、控告；申请变更强制措施；向侦查机关了解犯罪嫌疑人涉嫌的罪名和案件有关情况，提出意见。

《中华人民共和国刑事诉讼法》 （2012 年 3 月 14 日第二次修正） （阴影部分是 2018 年删去的内容）	《中华人民共和国刑事诉讼法》 （2018 年 10 月 26 日第三次修正） （黑体部分是 2018 年增加的内容）
第三十七条　辩护律师可以同在押的犯罪嫌疑人、被告人会见和通信。其他辩护人经人民法院、人民检察院许可，也可以同在押的犯罪嫌疑人、被告人会见和通信。 辩护律师持律师执业证书、律师事务所证明和委托书或者法律援助公函要求会见在押的犯罪嫌疑人、被告人的，看守所应当及时安排会见，至迟不得超过四十八小时。 危害国家安全犯罪、恐怖活动犯罪、**特别重大贿赂犯罪**案件，在侦查期间辩护律师会见在押的犯罪嫌疑人，应当经侦查机关许可。上述案件，侦查机关应当事先通知看守所。 辩护律师会见在押的犯罪嫌疑人、被告人，可以了解案件有关情况，提供法律咨询等；自案件移送审查起诉之日起，可以向犯罪嫌疑人、被告人核实有关证据。辩护律师会见犯罪嫌疑人、被告人时不被监听。 辩护律师同被监视居住的犯罪嫌疑人、被告人会见、通信，适用第一款、第三款、第四款的规定。 （1979 年规定，1996 年和 2012 年修改）（2012 年修改刑事诉讼法时将 1996 年刑事诉讼法第九十六条有关内容移至本条第三款）	第三十九条　辩护律师可以同在押的犯罪嫌疑人、被告人会见和通信。其他辩护人经人民法院、人民检察院许可，也可以同在押的犯罪嫌疑人、被告人会见和通信。 辩护律师持律师执业证书、律师事务所证明和委托书或者法律援助公函要求会见在押的犯罪嫌疑人、被告人的，看守所应当及时安排会见，至迟不得超过四十八小时。 危害国家安全犯罪、恐怖活动犯罪案件，在侦查期间辩护律师会见在押的犯罪嫌疑人，应当经侦查机关许可。上述案件，侦查机关应当事先通知看守所。 辩护律师会见在押的犯罪嫌疑人、被告人，可以了解案件有关情况，提供法律咨询等；自案件移送审查起诉之日起，可以向犯罪嫌疑人、被告人核实有关证据。辩护律师会见犯罪嫌疑人、被告人时不被监听。 辩护律师同被监视居住的犯罪嫌疑人、被告人会见、通信，适用第一款、第三款、第四款的规定。 （2018 年修改）

《中华人民共和国刑事诉讼法》 （2012年3月14日第二次修正） （阴影部分是2018年删去的内容）	《中华人民共和国刑事诉讼法》 （2018年10月26日第三次修正） （黑体部分是2018年增加的内容）
第三十八条　辩护律师自人民检察院对案件审查起诉之日起，可以查阅、摘抄、复制本案的案卷材料。其他辩护人经人民法院、人民检察院许可，也可以查阅、摘抄、复制上述材料。 （1979年规定，1996年和2012年修改）	第四十条　辩护律师自人民检察院对案件审查起诉之日起，可以查阅、摘抄、复制本案的案卷材料。其他辩护人经人民法院、人民检察院许可，也可以查阅、摘抄、复制上述材料。
第三十九条　辩护人认为在侦查、审查起诉期间公安机关、人民检察院收集的证明犯罪嫌疑人、被告人无罪或者罪轻的证据材料未提交的，有权申请人民检察院、人民法院调取。 （2012年增加）	第四十一条　辩护人认为在侦查、审查起诉期间公安机关、人民检察院收集的证明犯罪嫌疑人、被告人无罪或者罪轻的证据材料未提交的，有权申请人民检察院、人民法院调取。
第四十条　辩护人收集的有关犯罪嫌疑人不在犯罪现场、未达到刑事责任年龄、属于依法不负刑事责任的精神病人的证据，应当及时告知公安机关、人民检察院。 （2012年增加）	第四十二条　辩护人收集的有关犯罪嫌疑人不在犯罪现场、未达到刑事责任年龄、属于依法不负刑事责任的精神病人的证据，应当及时告知公安机关、人民检察院。
第四十一条　辩护律师经证人或者其他有关单位和个人同意，可以向他们收集与本案有关的材料，也可以申请人民检察院、人民法院收集、调取证据，或者申请人民法院通知证人出庭作证。 　　辩护律师经人民检察院或者人民法院许可，并且经被害人或者其近亲属、被害人提供的证人同意，可以向他们收集与本案有关的材料。 （1996年增加）	第四十三条　辩护律师经证人或者其他有关单位和个人同意，可以向他们收集与本案有关的材料，也可以申请人民检察院、人民法院收集、调取证据，或者申请人民法院通知证人出庭作证。 　　辩护律师经人民检察院或者人民法院许可，并且经被害人或者其近亲属、被害人提供的证人同意，可以向他们收集与本案有关的材料。

《中华人民共和国刑事诉讼法》 （2012 年 3 月 14 日第二次修正） （阴影部分是 2018 年删去的内容）	《中华人民共和国刑事诉讼法》 （2018 年 10 月 26 日第三次修正） （黑体部分是 2018 年增加的内容）
第四十二条 辩护人或者其他任何人，不得帮助犯罪嫌疑人、被告人隐匿、毁灭、伪造证据或者串供，不得威胁、引诱证人作伪证以及进行其他干扰司法机关诉讼活动的行为。 　　违反前款规定的，应当依法追究法律责任，辩护人涉嫌犯罪的，应当由办理辩护人所承办案件的侦查机关以外的侦查机关办理。辩护人是律师的，应当及时通知其所在的律师事务所或者所属的律师协会。 　　（1996 年增加，2012 年修改）	**第四十四条** 辩护人或者其他任何人，不得帮助犯罪嫌疑人、被告人隐匿、毁灭、伪造证据或者串供，不得威胁、引诱证人作伪证以及进行其他干扰司法机关诉讼活动的行为。 　　违反前款规定的，应当依法追究法律责任，辩护人涉嫌犯罪的，应当由办理辩护人所承办案件的侦查机关以外的侦查机关办理。辩护人是律师的，应当及时通知其所在的律师事务所或者所属的律师协会。
第四十三条 在审判过程中，被告人可以拒绝辩护人继续为他辩护，也可以另行委托辩护人辩护。 　　（1979 年规定）	**第四十五条** 在审判过程中，被告人可以拒绝辩护人继续为他辩护，也可以另行委托辩护人辩护。
第四十四条 公诉案件的被害人及其法定代理人或者近亲属，附带民事诉讼的当事人及其法定代理人，自案件移送审查起诉之日起，有权委托诉讼代理人。自诉案件的自诉人及其法定代理人，附带民事诉讼的当事人及其法定代理人，有权随时委托诉讼代理人。 　　人民检察院自收到移送审查起诉的案件材料之日起三日以内，应当告知被害人及其法定代理人或者其近亲属、附带民事诉讼的当事人及其法定代理人有权委托诉讼代理人。人民法院自受理自诉案件之日起三日以内，应当告知自诉人及其法定代理人、附带民事诉讼的当事人及其法定代理人有权委托诉讼代理人。 　　（1996 年增加）	**第四十六条** 公诉案件的被害人及其法定代理人或者近亲属，附带民事诉讼的当事人及其法定代理人，自案件移送审查起诉之日起，有权委托诉讼代理人。自诉案件的自诉人及其法定代理人，附带民事诉讼的当事人及其法定代理人，有权随时委托诉讼代理人。 　　人民检察院自收到移送审查起诉的案件材料之日起三日以内，应当告知被害人及其法定代理人或者其近亲属、附带民事诉讼的当事人及其法定代理人有权委托诉讼代理人。人民法院自受理自诉案件之日起三日以内，应当告知自诉人及其法定代理人、附带民事诉讼的当事人及其法定代理人有权委托诉讼代理人。

《中华人民共和国刑事诉讼法》 （2012 年 3 月 14 日第二次修正） （阴影部分是 2018 年删去的内容）	《中华人民共和国刑事诉讼法》 （2018 年 10 月 26 日第三次修正） （黑体部分是 2018 年增加的内容）
第四十五条　委托诉讼代理人，参照本法第**三十二**条的规定执行。 　　（1996 年增加）	**第四十七条**　委托诉讼代理人，参照本法第**三十三**条的规定执行。 　　（2018 年调整）
第四十六条　辩护律师对在执业活动中知悉的委托人的有关情况和信息，有权予以保密。但是，辩护律师在执业活动中知悉委托人或者其他人，准备或者正在实施危害国家安全、公共安全以及严重危害他人人身安全的犯罪的，应当及时告知司法机关。 　　（2012 年增加）	**第四十八条**　辩护律师对在执业活动中知悉的委托人的有关情况和信息，有权予以保密。但是，辩护律师在执业活动中知悉委托人或者其他人，准备或者正在实施危害国家安全、公共安全以及严重危害他人人身安全的犯罪的，应当及时告知司法机关。
第四十七条　辩护人、诉讼代理人认为公安机关、人民检察院、人民法院及其工作人员阻碍其依法行使诉讼权利的，有权向同级或者上一级人民检察院申诉或者控告。人民检察院对申诉或者控告应当及时进行审查，情况属实的，通知有关机关予以纠正。 　　（2012 年增加）	**第四十九条**　辩护人、诉讼代理人认为公安机关、人民检察院、人民法院及其工作人员阻碍其依法行使诉讼权利的，有权向同级或者上一级人民检察院申诉或者控告。人民检察院对申诉或者控告应当及时进行审查，情况属实的，通知有关机关予以纠正。

《中华人民共和国刑事诉讼法》 （2012年3月14日第二次修正） （阴影部分是2018年删去的内容）	《中华人民共和国刑事诉讼法》 （2018年10月26日第三次修正） （黑体部分是2018年增加的内容）
第五章 证 据	第五章 证 据
第四十八条　可以用于证明案件事实的材料，都是证据。 证据包括： （一）物证； （二）书证； （三）证人证言； （四）被害人陈述； （五）犯罪嫌疑人、被告人供述和辩解； （六）鉴定意见； （七）勘验、检查、辨认、侦查实验等笔录； （八）视听资料、电子数据。 证据必须经过查证属实，才能作为定案的根据。 （1979年规定，1996年和2012年修改）	第五十条　可以用于证明案件事实的材料，都是证据。 证据包括： （一）物证； （二）书证； （三）证人证言； （四）被害人陈述； （五）犯罪嫌疑人、被告人供述和辩解； （六）鉴定意见； （七）勘验、检查、辨认、侦查实验等笔录； （八）视听资料、电子数据。 证据必须经过查证属实，才能作为定案的根据。
第四十九条　公诉案件中被告人有罪的举证责任由人民检察院承担，自诉案件中被告人有罪的举证责任由自诉人承担。 （2012年增加）	第五十一条　公诉案件中被告人有罪的举证责任由人民检察院承担，自诉案件中被告人有罪的举证责任由自诉人承担。
第五十条　审判人员、检察人员、侦查人员必须依照法定程序，收集能够证实犯罪嫌疑人、被告人有罪或者无罪、犯罪情节轻重的各种证据。严禁刑讯逼供和以威胁、引诱、欺骗以及其他非法方法收集证据，不得强迫任何人证实自己有罪。必须保证一切与案件有关或者了解案情的公民，有客观地充分地提供证据的条件，除特殊情况外，可以吸收他们协助调查。 （1979年规定，1996年和2012年修改）	第五十二条　审判人员、检察人员、侦查人员必须依照法定程序，收集能够证实犯罪嫌疑人、被告人有罪或者无罪、犯罪情节轻重的各种证据。严禁刑讯逼供和以威胁、引诱、欺骗以及其他非法方法收集证据，不得强迫任何人证实自己有罪。必须保证一切与案件有关或者了解案情的公民，有客观地充分地提供证据的条件，除特殊情况外，可以吸收他们协助调查。

《中华人民共和国刑事诉讼法》 （2012年3月14日第二次修正） （阴影部分是2018年删去的内容）	《中华人民共和国刑事诉讼法》 （2018年10月26日第三次修正） （黑体部分是2018年增加的内容）
第五十一条 公安机关提请批准逮捕书、人民检察院起诉书、人民法院判决书，必须忠实于事实真象。故意隐瞒事实真象的，应当追究责任。 （1979年规定）	**第五十三条** 公安机关提请批准逮捕书、人民检察院起诉书、人民法院判决书，必须忠实于事实真象。故意隐瞒事实真象的，应当追究责任。
第五十二条 人民法院、人民检察院和公安机关有权向有关单位和个人收集、调取证据。有关单位和个人应当如实提供证据。 　　行政机关在行政执法和查办案件过程中收集的物证、书证、视听资料、电子数据等证据材料，在刑事诉讼中可以作为证据使用。 　　对涉及国家秘密、商业秘密、个人隐私的证据，应当保密。 　　凡是伪造证据、隐匿证据或者毁灭证据的，无论属于何方，必须受法律追究。 （1979年规定，1996年和2012年修改）	**第五十四条** 人民法院、人民检察院和公安机关有权向有关单位和个人收集、调取证据。有关单位和个人应当如实提供证据。 　　行政机关在行政执法和查办案件过程中收集的物证、书证、视听资料、电子数据等证据材料，在刑事诉讼中可以作为证据使用。 　　对涉及国家秘密、商业秘密、个人隐私的证据，应当保密。 　　凡是伪造证据、隐匿证据或者毁灭证据的，无论属于何方，必须受法律追究。

《中华人民共和国刑事诉讼法》 （2012 年 3 月 14 日第二次修正） （阴影部分是 2018 年删去的内容）	《中华人民共和国刑事诉讼法》 （2018 年 10 月 26 日第三次修正） （黑体部分是 2018 年增加的内容）
第五十三条 对一切案件的判处都要重证据，重调查研究，不轻信口供。只有被告人供述，没有其他证据的，不能认定被告人有罪和处以刑罚；没有被告人供述，证据确实、充分的，可以认定被告人有罪和处以刑罚。 证据确实、充分，应当符合以下条件： （一）定罪量刑的事实都有证据证明； （二）据以定案的证据均经法定程序查证属实； （三）综合全案证据，对所认定事实已排除合理怀疑。 （1979 年规定，2012 年修改）	**第五十五条** 对一切案件的判处都要重证据，重调查研究，不轻信口供。只有被告人供述，没有其他证据的，不能认定被告人有罪和处以刑罚；没有被告人供述，证据确实、充分的，可以认定被告人有罪和处以刑罚。 证据确实、充分，应当符合以下条件： （一）定罪量刑的事实都有证据证明； （二）据以定案的证据均经法定程序查证属实； （三）综合全案证据，对所认定事实已排除合理怀疑。
第五十四条 采用刑讯逼供等非法方法收集的犯罪嫌疑人、被告人供述和采用暴力、威胁等非法方法收集的证人证言、被害人陈述，应当予以排除。收集物证、书证不符合法定程序，可能严重影响司法公正的，应当予以补正或者作出合理解释；不能补正或者作出合理解释的，对该证据应当予以排除。 在侦查、审查起诉、审判时发现有应当排除的证据的，应当依法予以排除，不得作为起诉意见、起诉决定和判决的依据。 （2012 年增加）	**第五十六条** 采用刑讯逼供等非法方法收集的犯罪嫌疑人、被告人供述和采用暴力、威胁等非法方法收集的证人证言、被害人陈述，应当予以排除。收集物证、书证不符合法定程序，可能严重影响司法公正的，应当予以补正或者作出合理解释；不能补正或者作出合理解释的，对该证据应当予以排除。 在侦查、审查起诉、审判时发现有应当排除的证据的，应当依法予以排除，不得作为起诉意见、起诉决定和判决的依据。

《中华人民共和国刑事诉讼法》 （2012 年 3 月 14 日第二次修正） （阴影部分是 2018 年删去的内容）	《中华人民共和国刑事诉讼法》 （2018 年 10 月 26 日第三次修正） （黑体部分是 2018 年增加的内容）
第五十五条 人民检察院接到报案、控告、举报或者发现侦查人员以非法方法收集证据的，应当进行调查核实。对于确有以非法方法收集证据情形的，应当提出纠正意见；构成犯罪的，依法追究刑事责任。 （2012 年增加）	第五十七条 人民检察院接到报案、控告、举报或者发现侦查人员以非法方法收集证据的，应当进行调查核实。对于确有以非法方法收集证据情形的，应当提出纠正意见；构成犯罪的，依法追究刑事责任。
第五十六条 法庭审理过程中，审判人员认为可能存在本法第五十四条规定的以非法方法收集证据情形的，应当对证据收集的合法性进行法庭调查。 当事人及其辩护人、诉讼代理人有权申请人民法院对以非法方法收集的证据依法予以排除。申请排除以非法方法收集的证据的，应当提供相关线索或者材料。 （2012 年增加）	第五十八条 法庭审理过程中，审判人员认为可能存在本法第五十六条规定的以非法方法收集证据情形的，应当对证据收集的合法性进行法庭调查。 当事人及其辩护人、诉讼代理人有权申请人民法院对以非法方法收集的证据依法予以排除。申请排除以非法方法收集的证据的，应当提供相关线索或者材料。 （2018 年调整）
第五十七条 在对证据收集的合法性进行法庭调查的过程中，人民检察院应当对证据收集的合法性加以证明。 现有证据材料不能证明证据收集的合法性的，人民检察院可以提请人民法院通知有关侦查人员或者其他人员出庭说明情况；人民法院可以通知有关侦查人员或者其他人员出庭说明情况。有关侦查人员或者其他人员也可以要求出庭说明情况。经人民法院通知，有关人员应当出庭。 （2012 年增加）	第五十九条 在对证据收集的合法性进行法庭调查的过程中，人民检察院应当对证据收集的合法性加以证明。 现有证据材料不能证明证据收集的合法性的，人民检察院可以提请人民法院通知有关侦查人员或者其他人员出庭说明情况；人民法院可以通知有关侦查人员或者其他人员出庭说明情况。有关侦查人员或者其他人员也可以要求出庭说明情况。经人民法院通知，有关人员应当出庭。

《中华人民共和国刑事诉讼法》 (2012 年 3 月 14 日第二次修正) (阴影部分是 2018 年删去的内容)	《中华人民共和国刑事诉讼法》 (2018 年 10 月 26 日第三次修正) (黑体部分是 2018 年增加的内容)
第五十八条 对于经过法庭审理，确认或者不能排除存在本法第**五十四**条规定的以非法方法收集证据情形的，对有关证据应当予以排除。 (2012 年增加)	**第六十条** 对于经过法庭审理，确认或者不能排除存在本法第**五十六**条规定的以非法方法收集证据情形的，对有关证据应当予以排除。 (2018 年调整)
第五十九条 证人证言必须在法庭上经过公诉人、被害人和被告人、辩护人双方质证并且查实以后，才能作为定案的根据。法庭查明证人有意作伪证或者隐匿罪证的时候，应当依法处理。 (1979 年规定，1996 年和 2012 年修改)	**第六十一条** 证人证言必须在法庭上经过公诉人、被害人和被告人、辩护人双方质证并且查实以后，才能作为定案的根据。法庭查明证人有意作伪证或者隐匿罪证的时候，应当依法处理。
第六十条 凡是知道案件情况的人，都有作证的义务。 生理上、精神上有缺陷或者年幼，不能辨别是非、不能正确表达的人，不能作证人。 (1979 年规定)	**第六十二条** 凡是知道案件情况的人，都有作证的义务。 生理上、精神上有缺陷或者年幼，不能辨别是非、不能正确表达的人，不能作证人。
第六十一条 人民法院、人民检察院和公安机关应当保障证人及其近亲属的安全。 对证人及其近亲属进行威胁、侮辱、殴打或者打击报复，构成犯罪的，依法追究刑事责任；尚不够刑事处罚的，依法给予治安管理处罚。 (1996 年增加)	**第六十三条** 人民法院、人民检察院和公安机关应当保障证人及其近亲属的安全。 对证人及其近亲属进行威胁、侮辱、殴打或者打击报复，构成犯罪的，依法追究刑事责任；尚不够刑事处罚的，依法给予治安管理处罚。

《中华人民共和国刑事诉讼法》 （2012年3月14日第二次修正） （阴影部分是2018年删去的内容）	《中华人民共和国刑事诉讼法》 （2018年10月26日第三次修正） （黑体部分是2018年增加的内容）
第六十二条　对于危害国家安全犯罪、恐怖活动犯罪、黑社会性质的组织犯罪、毒品犯罪等案件，证人、鉴定人、被害人因在诉讼中作证，本人或者其近亲属的人身安全面临危险的，人民法院、人民检察院和公安机关应当采取以下一项或者多项保护措施： 　　（一）不公开真实姓名、住址和工作单位等个人信息； 　　（二）采取不暴露外貌、真实声音等出庭作证措施； 　　（三）禁止特定的人员接触证人、鉴定人、被害人及其近亲属； 　　（四）对人身和住宅采取专门性保护措施； 　　（五）其他必要的保护措施。 　　证人、鉴定人、被害人认为因在诉讼中作证，本人或者其近亲属的人身安全面临危险的，可以向人民法院、人民检察院、公安机关请求予以保护。 　　人民法院、人民检察院、公安机关依法采取保护措施，有关单位和个人应当配合。 　　（2012年增加）	**第六十四条**　对于危害国家安全犯罪、恐怖活动犯罪、黑社会性质的组织犯罪、毒品犯罪等案件，证人、鉴定人、被害人因在诉讼中作证，本人或者其近亲属的人身安全面临危险的，人民法院、人民检察院和公安机关应当采取以下一项或者多项保护措施： 　　（一）不公开真实姓名、住址和工作单位等个人信息； 　　（二）采取不暴露外貌、真实声音等出庭作证措施； 　　（三）禁止特定的人员接触证人、鉴定人、被害人及其近亲属； 　　（四）对人身和住宅采取专门性保护措施； 　　（五）其他必要的保护措施。 　　证人、鉴定人、被害人认为因在诉讼中作证，本人或者其近亲属的人身安全面临危险的，可以向人民法院、人民检察院、公安机关请求予以保护。 　　人民法院、人民检察院、公安机关依法采取保护措施，有关单位和个人应当配合。
第六十三条　证人因履行作证义务而支出的交通、住宿、就餐等费用，应当给予补助。证人作证的补助列入司法机关业务经费，由同级政府财政予以保障。 　　有工作单位的证人作证，所在单位不得克扣或者变相克扣其工资、奖金及其他福利待遇。 　　（2012年增加）	**第六十五条**　证人因履行作证义务而支出的交通、住宿、就餐等费用，应当给予补助。证人作证的补助列入司法机关业务经费，由同级政府财政予以保障。 　　有工作单位的证人作证，所在单位不得克扣或者变相克扣其工资、奖金及其他福利待遇。

《中华人民共和国刑事诉讼法》 （2012 年 3 月 14 日第二次修正） （阴影部分是 2018 年删去的内容）	《中华人民共和国刑事诉讼法》 （2018 年 10 月 26 日第三次修正） （黑体部分是 2018 年增加的内容）
第六章　强制措施	**第六章　强制措施**
第六十四条　人民法院、人民检察院和公安机关根据案件情况，对犯罪嫌疑人、被告人可以拘传、取保候审或者监视居住。 　　（1979 年规定，1996 年修改）	**第六十六条**　人民法院、人民检察院和公安机关根据案件情况，对犯罪嫌疑人、被告人可以拘传、取保候审或者监视居住。
第六十五条　人民法院、人民检察院和公安机关对有下列情形之一的犯罪嫌疑人、被告人，可以取保候审： 　　（一）可能判处管制、拘役或者独立适用附加刑的； 　　（二）可能判处有期徒刑以上刑罚，采取取保候审不致发生社会危险性的； 　　（三）患有严重疾病、生活不能自理，怀孕或者正在哺乳自己婴儿的妇女，采取取保候审不致发生社会危险性的； 　　（四）羁押期限届满，案件尚未办结，需要采取取保候审的。 　　取保候审由公安机关执行。 　　（1996 年增加，2012 年修改） （2012 年修改刑事诉讼法时将 1996 年刑事诉讼法第六十条第二款有关内容移至本条）	**第六十七条**　人民法院、人民检察院和公安机关对有下列情形之一的犯罪嫌疑人、被告人，可以取保候审： 　　（一）可能判处管制、拘役或者独立适用附加刑的； 　　（二）可能判处有期徒刑以上刑罚，采取取保候审不致发生社会危险性的； 　　（三）患有严重疾病、生活不能自理，怀孕或者正在哺乳自己婴儿的妇女，采取取保候审不致发生社会危险性的； 　　（四）羁押期限届满，案件尚未办结，需要采取取保候审的。 　　取保候审由公安机关执行。
第六十六条　人民法院、人民检察院和公安机关决定对犯罪嫌疑人、被告人取保候审，应当责令犯罪嫌疑人、被告人提出保证人或者交纳保证金。 　　（1996 年增加）	**第六十八条**　人民法院、人民检察院和公安机关决定对犯罪嫌疑人、被告人取保候审，应当责令犯罪嫌疑人、被告人提出保证人或者交纳保证金。

《中华人民共和国刑事诉讼法》 （2012 年 3 月 14 日第二次修正） （阴影部分是 2018 年删去的内容）	《中华人民共和国刑事诉讼法》 （2018 年 10 月 26 日第三次修正） （黑体部分是 2018 年增加的内容）
第六十七条　保证人必须符合下列条件： 　　（一）与本案无牵连； 　　（二）有能力履行保证义务； 　　（三）享有政治权利，人身自由未受到限制； 　　（四）有固定的住处和收入。 　　（1996 年增加）	**第六十九条**　保证人必须符合下列条件： 　　（一）与本案无牵连； 　　（二）有能力履行保证义务； 　　（三）享有政治权利，人身自由未受到限制； 　　（四）有固定的住处和收入。
第六十八条　保证人应当履行以下义务： 　　（一）监督被保证人遵守本法第六十九条的规定； 　　（二）发现被保证人可能发生或者已经发生违反本法第六十九条规定的行为的，应当及时向执行机关报告。 　　被保证人有违反本法第六十九条规定的行为，保证人未履行保证义务的，对保证人处以罚款，构成犯罪的，依法追究刑事责任。 　　（1996 年增加，2012 年修改）	**第七十条**　保证人应当履行以下义务： 　　（一）监督被保证人遵守本法**第七十一条**的规定； 　　（二）发现被保证人可能发生或者已经发生违反本法**第七十一条**规定的行为的，应当及时向执行机关报告。 　　被保证人有违反本法**第七十一条**规定的行为，保证人未履行保证义务的，对保证人处以罚款，构成犯罪的，依法追究刑事责任。 　　（2018 年调整）

《中华人民共和国刑事诉讼法》 （2012 年 3 月 14 日第二次修正） （阴影部分是 2018 年删去的内容）	《中华人民共和国刑事诉讼法》 （2018 年 10 月 26 日第三次修正） （黑体部分是 2018 年增加的内容）
第六十九条　被取保候审的犯罪嫌疑人、被告人应当遵守以下规定： （一）未经执行机关批准不得离开所居住的市、县； （二）住址、工作单位和联系方式发生变动的，在二十四小时以内向执行机关报告； （三）在传讯的时候及时到案； （四）不得以任何形式干扰证人作证； （五）不得毁灭、伪造证据或者串供。 人民法院、人民检察院和公安机关可以根据案件情况，责令被取保候审的犯罪嫌疑人、被告人遵守以下一项或者多项规定： （一）不得进入特定的场所； （二）不得与特定的人员会见或者通信； （三）不得从事特定的活动； （四）将护照等出入境证件、驾驶证件交执行机关保存。 被取保候审的犯罪嫌疑人、被告人违反前两款规定，已交纳保证金的，没收部分或者全部保证金，并且区别情形，责令犯罪嫌疑人、被告人具结悔过，重新交纳保证金、提出保证人，或者监视居住、予以逮捕。 对违反取保候审规定，需要予以逮捕的，可以对犯罪嫌疑人、被告人先行拘留。 （1996 年增加，2012 年修改）	第七十一条　被取保候审的犯罪嫌疑人、被告人应当遵守以下规定： （一）未经执行机关批准不得离开所居住的市、县； （二）住址、工作单位和联系方式发生变动的，在二十四小时以内向执行机关报告； （三）在传讯的时候及时到案； （四）不得以任何形式干扰证人作证； （五）不得毁灭、伪造证据或者串供。 人民法院、人民检察院和公安机关可以根据案件情况，责令被取保候审的犯罪嫌疑人、被告人遵守以下一项或者多项规定： （一）不得进入特定的场所； （二）不得与特定的人员会见或者通信； （三）不得从事特定的活动； （四）将护照等出入境证件、驾驶证件交执行机关保存。 被取保候审的犯罪嫌疑人、被告人违反前两款规定，已交纳保证金的，没收部分或者全部保证金，并且区别情形，责令犯罪嫌疑人、被告人具结悔过，重新交纳保证金、提出保证人，或者监视居住、予以逮捕。 对违反取保候审规定，需要予以逮捕的，可以对犯罪嫌疑人、被告人先行拘留。

《中华人民共和国刑事诉讼法》 （2012 年 3 月 14 日第二次修正） （阴影部分是 2018 年删去的内容）	《中华人民共和国刑事诉讼法》 （2018 年 10 月 26 日第三次修正） （黑体部分是 2018 年增加的内容）
第七十条　取保候审的决定机关应当综合考虑保证诉讼活动正常进行的需要，被取保候审人的社会危险性、案件的性质、情节，可能判处刑罚的轻重，被取保候审人的经济状况等情况，确定保证金的数额。 　　提供保证金的人应当将保证金存入执行机关指定银行的专门账户。 　　（2012 年增加）	**第七十二条**　取保候审的决定机关应当综合考虑保证诉讼活动正常进行的需要，被取保候审人的社会危险性、案件的性质、情节，可能判处刑罚的轻重，被取保候审人的经济状况等情况，确定保证金的数额。 　　提供保证金的人应当将保证金存入执行机关指定银行的专门账户。
第七十一条　犯罪嫌疑人、被告人在取保候审期间未违反本法第六十九条规定的，取保候审结束的时候，凭解除取保候审的通知或者有关法律文书到银行领取退还的保证金。 　　（1996 年增加，2012 年修改）	**第七十三条**　犯罪嫌疑人、被告人在取保候审期间未违反本法第七十一条规定的，取保候审结束的时候，凭解除取保候审的通知或者有关法律文书到银行领取退还的保证金。 　　（2018 年调整）

《中华人民共和国刑事诉讼法》 （2012 年 3 月 14 日第二次修正） （阴影部分是 2018 年删去的内容）	《中华人民共和国刑事诉讼法》 （2018 年 10 月 26 日第三次修正） （黑体部分是 2018 年增加的内容）
第七十二条 人民法院、人民检察院和公安机关对符合逮捕条件，有下列情形之一的犯罪嫌疑人、被告人，可以监视居住： （一）患有严重疾病、生活不能自理的； （二）怀孕或者正在哺乳自己婴儿的妇女； （三）系生活不能自理的人的唯一扶养人； （四）因为案件的特殊情况或者办理案件的需要，采取监视居住措施更为适宜的； （五）羁押期限届满，案件尚未办结，需要采取监视居住措施的。 对符合取保候审条件，但犯罪嫌疑人、被告人不能提出保证人，也不交纳保证金的，可以监视居住。 监视居住由公安机关执行。 （1979 年规定，1996 年和 2012 年修改）（2012 年修改刑事诉讼法时将 1996 年刑事诉讼法第六十条第二款有关内容移至本条第一款第一项、第二项，第五十一条有关内容移至第三款）	第七十四条 人民法院、人民检察院和公安机关对符合逮捕条件，有下列情形之一的犯罪嫌疑人、被告人，可以监视居住： （一）患有严重疾病、生活不能自理的； （二）怀孕或者正在哺乳自己婴儿的妇女； （三）系生活不能自理的人的唯一扶养人； （四）因为案件的特殊情况或者办理案件的需要，采取监视居住措施更为适宜的； （五）羁押期限届满，案件尚未办结，需要采取监视居住措施的。 对符合取保候审条件，但犯罪嫌疑人、被告人不能提出保证人，也不交纳保证金的，可以监视居住。 监视居住由公安机关执行。

《中华人民共和国刑事诉讼法》 （2012年3月14日第二次修正） （阴影部分是2018年删去的内容）	《中华人民共和国刑事诉讼法》 （2018年10月26日第三次修正） （黑体部分是2018年增加的内容）
第七十三条　监视居住应当在犯罪嫌疑人、被告人的住处执行；无固定住处的，可以在指定的居所执行。对于涉嫌危害国家安全犯罪、恐怖活动犯罪、特别重大贿赂犯罪，在住处执行可能有碍侦查的，经上一级人民检察院或者公安机关批准，也可以在指定的居所执行。但是，不得在羁押场所、专门的办案场所执行。 　　指定居所监视居住的，除无法通知的以外，应当在执行监视居住后二十四小时以内，通知被监视居住人的家属。 　　被监视居住的犯罪嫌疑人、被告人委托辩护人，适用本法第三十三条的规定。 　　人民检察院对指定居所监视住的决定和执行是否合法实行监督。 　　（1979年规定，1996年和2012年修改）（2012年修改刑事诉讼法时将1996年刑事诉讼法第五十七条有关内容移至本条第一款）	第七十五条　监视居住应当在犯罪嫌疑人、被告人的住处执行；无固定住处的，可以在指定的居所执行。对于涉嫌危害国家安全犯罪、恐怖活动犯罪，在住处执行可能有碍侦查的，经上一级公安机关批准，也可以在指定的居所执行。但是，不得在羁押场所、专门的办案场所执行。 　　指定居所监视居住的，除无法通知的以外，应当在执行监视居住后二十四小时以内，通知被监视居住人的家属。 　　被监视居住的犯罪嫌疑人、被告人委托辩护人，适用本法第三十四条的规定。 　　人民检察院对指定居所监视住的决定和执行是否合法实行监督。 　　（2018年修改）
第七十四条　指定居所监视住的期限应当折抵刑期。被判处管制的，监视居住一日折抵刑期一日；被判处拘役、有期徒刑的，监视居住二日折抵刑期一日。 　　（2012年增加）	第七十六条　指定居所监视住的期限应当折抵刑期。被判处管制的，监视居住一日折抵刑期一日；被判处拘役、有期徒刑的，监视居住二日折抵刑期一日。

《中华人民共和国刑事诉讼法》 （2012 年 3 月 14 日第二次修正） （阴影部分是 2018 年删去的内容）	《中华人民共和国刑事诉讼法》 （2018 年 10 月 26 日第三次修正） （黑体部分是 2018 年增加的内容）
第七十五条　被监视居住的犯罪嫌疑人、被告人应当遵守以下规定： 　　（一）未经执行机关批准不得离开执行监视居住的处所； 　　（二）未经执行机关批准不得会见他人或者通信； 　　（三）在传讯的时候及时到案； 　　（四）不得以任何形式干扰证人作证； 　　（五）不得毁灭、伪造证据或者串供； 　　（六）将护照等出入境证件、身份证件、驾驶证件交执行机关保存。 　　被监视居住的犯罪嫌疑人、被告人违反前款规定，情节严重的，可以予以逮捕；需要予以逮捕的，可以对犯罪嫌疑人、被告人先行拘留。 　　（1996 年增加，2012 年修改）	**第七十七条**　被监视居住的犯罪嫌疑人、被告人应当遵守以下规定： 　　（一）未经执行机关批准不得离开执行监视居住的处所； 　　（二）未经执行机关批准不得会见他人或者通信； 　　（三）在传讯的时候及时到案； 　　（四）不得以任何形式干扰证人作证； 　　（五）不得毁灭、伪造证据或者串供； 　　（六）将护照等出入境证件、身份证件、驾驶证件交执行机关保存。 　　被监视居住的犯罪嫌疑人、被告人违反前款规定，情节严重的，可以予以逮捕；需要予以逮捕的，可以对犯罪嫌疑人、被告人先行拘留。
第七十六条　执行机关对被监视居住的犯罪嫌疑人、被告人，可以采取电子监控、不定期检查等监视方法对其遵守监视居住规定的情况进行监督；在侦查期间，可以对被监视居住的犯罪嫌疑人的通信进行监控。 　　（2012 年增加）	**第七十八条**　执行机关对被监视居住的犯罪嫌疑人、被告人，可以采取电子监控、不定期检查等监视方法对其遵守监视居住规定的情况进行监督；在侦查期间，可以对被监视居住的犯罪嫌疑人的通信进行监控。

《中华人民共和国刑事诉讼法》 （2012年3月14日第二次修正） （阴影部分是2018年删去的内容）	《中华人民共和国刑事诉讼法》 （2018年10月26日第三次修正） （黑体部分是2018年增加的内容）
第七十七条 人民法院、人民检察院和公安机关对犯罪嫌疑人、被告人取保候审最长不得超过十二个月，监视居住最长不得超过六个月。 在取保候审、监视居住期间，不得中断对案件的侦查、起诉和审理。对于发现不应当追究刑事责任或者取保候审、监视居住期限届满的，应当及时解除取保候审、监视居住。解除取保候审、监视居住，应当及时通知被取保候审、监视居住人和有关单位。 （1996年增加）	**第七十九条** 人民法院、人民检察院和公安机关对犯罪嫌疑人、被告人取保候审最长不得超过十二个月，监视居住最长不得超过六个月。 在取保候审、监视居住期间，不得中断对案件的侦查、起诉和审理。对于发现不应当追究刑事责任或者取保候审、监视居住期限届满的，应当及时解除取保候审、监视居住。解除取保候审、监视居住，应当及时通知被取保候审、监视居住人和有关单位。
第七十八条 逮捕犯罪嫌疑人、被告人，必须经过人民检察院批准或者人民法院决定，由公安机关执行。 （1979年规定，1996年修改）	**第八十条** 逮捕犯罪嫌疑人、被告人，必须经过人民检察院批准或者人民法院决定，由公安机关执行。

《中华人民共和国刑事诉讼法》 （2012 年 3 月 14 日第二次修正） （阴影部分是 2018 年删去的内容）	《中华人民共和国刑事诉讼法》 （2018 年 10 月 26 日第三次修正） （黑体部分是 2018 年增加的内容）
第七十九条　对有证据证明有犯罪事实，可能判处徒刑以上刑罚的犯罪嫌疑人、被告人，采取取保候审尚不足以防止发生下列社会危险性的，应当予以逮捕： 　　（一）可能实施新的犯罪的； 　　（二）有危害国家安全、公共安全或社会秩序的现实危险的； 　　（三）可能毁灭、伪造证据，干扰证人作证或者串供的； 　　（四）可能对被害人、举报人、控告人实施打击报复的； 　　（五）企图自杀或者逃跑的。 　　对有证据证明有犯罪事实，可能判处十年有期徒刑以上刑罚的，或者有证据证明有犯罪事实，可能判处徒刑以上刑罚，曾经故意犯罪或者身份不明的，应当予以逮捕。 　　被取保候审、监视居住的犯罪嫌疑人、被告人违反取保候审、监视居住规定，情节严重的，可以予以逮捕。 　　（1979 年规定，1996 年和 2012 年修改）	第八十一条　对有证据证明有犯罪事实，可能判处徒刑以上刑罚的犯罪嫌疑人、被告人，采取取保候审尚不足以防止发生下列社会危险性的，应当予以逮捕： 　　（一）可能实施新的犯罪的； 　　（二）有危害国家安全、公共安全或者社会秩序的现实危险的； 　　（三）可能毁灭、伪造证据，干扰证人作证或者串供的； 　　（四）可能对被害人、举报人、控告人实施打击报复的； 　　（五）企图自杀或者逃跑的。 　　**批准或者决定逮捕，应当将犯罪嫌疑人、被告人涉嫌犯罪的性质、情节，认罪认罚等情况，作为是否可能发生社会危险性的考虑因素。** 　　对有证据证明有犯罪事实，可能判处十年有期徒刑以上刑罚的，或者有证据证明有犯罪事实，可能判处徒刑以上刑罚，曾经故意犯罪或者身份不明的，应当予以逮捕。 　　被取保候审、监视居住的犯罪嫌疑人、被告人违反取保候审、监视居住规定，情节严重的，可以予以逮捕。 　　（2018 年修改）

《中华人民共和国刑事诉讼法》 （2012年3月14日第二次修正） （阴影部分是2018年删去的内容）	《中华人民共和国刑事诉讼法》 （2018年10月26日第三次修正） （黑体部分是2018年增加的内容）
第八十条 公安机关对于现行犯或者重大嫌疑分子，如果有下列情形之一的，可以先行拘留： （一）正在预备犯罪、实行犯罪或者在犯罪后即时被发觉的； （二）被害人或者在场亲眼看见的人指认他犯罪的； （三）在身边或者住处发现有犯罪证据的； （四）犯罪后企图自杀、逃跑或者在逃的； （五）有毁灭、伪造证据或者串供可能的； （六）不讲真实姓名、住址，身份不明的； （七）有流窜作案、多次作案、结伙作案重大嫌疑的。 （1979年规定，1996年修改）	**第八十二条** 公安机关对于现行犯或者重大嫌疑分子，如果有下列情形之一的，可以先行拘留： （一）正在预备犯罪、实行犯罪或者在犯罪后即时被发觉的； （二）被害人或者在场亲眼看见的人指认他犯罪的； （三）在身边或者住处发现有犯罪证据的； （四）犯罪后企图自杀、逃跑或者在逃的； （五）有毁灭、伪造证据或者串供可能的； （六）不讲真实姓名、住址，身份不明的； （七）有流窜作案、多次作案、结伙作案重大嫌疑的。
第八十一条 公安机关在异地执行拘留、逮捕的时候，应当通知被拘留、逮捕人所在地的公安机关，被拘留、逮捕人所在地的公安机关应当予以配合。 （1996年增加）	**第八十三条** 公安机关在异地执行拘留、逮捕的时候，应当通知被拘留、逮捕人所在地的公安机关，被拘留、逮捕人所在地的公安机关应当予以配合。
第八十二条 对于有下列情形的人，任何公民都可以立即扭送公安机关、人民检察院或者人民法院处理： （一）正在实行犯罪或者在犯罪后即时被发觉的； （二）通缉在案的； （三）越狱逃跑的； （四）正在被追捕的。 （1979年规定，1996年修改）	**第八十四条** 对于有下列情形的人，任何公民都可以立即扭送公安机关、人民检察院或者人民法院处理： （一）正在实行犯罪或者在犯罪后即时被发觉的； （二）通缉在案的； （三）越狱逃跑的； （四）正在被追捕的。

《中华人民共和国刑事诉讼法》 （2012 年 3 月 14 日第二次修正） （阴影部分是 2018 年删去的内容）	《中华人民共和国刑事诉讼法》 （2018 年 10 月 26 日第三次修正） （黑体部分是 2018 年增加的内容）
第八十三条　公安机关拘留人的时候，必须出示拘留证。 　拘留后，应当立即将被拘留人送看守所羁押，至迟不得超过二十四小时。除无法通知或者涉嫌危害国家安全犯罪、恐怖活动犯罪通知可能有碍侦查的情形以外，应当在拘留后二十四小时以内，通知被拘留人的家属。有碍侦查的情形消失以后，应当立即通知被拘留人的家属。 　（1979 年规定，2012 年修改）	第八十五条　公安机关拘留人的时候，必须出示拘留证。 　拘留后，应当立即将被拘留人送看守所羁押，至迟不得超过二十四小时。除无法通知或者涉嫌危害国家安全犯罪、恐怖活动犯罪通知可能有碍侦查的情形以外，应当在拘留后二十四小时以内，通知被拘留人的家属。有碍侦查的情形消失以后，应当立即通知被拘留人的家属。
第八十四条　公安机关对被拘留的人，应当在拘留后的二十四小时以内进行讯问。在发现不应当拘留的时候，必须立即释放，发给释放证明。 　（1979 年规定，2012 年修改）	第八十六条　公安机关对被拘留的人，应当在拘留后的二十四小时以内进行讯问。在发现不应当拘留的时候，必须立即释放，发给释放证明。
第八十五条　公安机关要求逮捕犯罪嫌疑人的时候，应当写出提请批准逮捕书，连同案卷材料、证据，一并移送同级人民检察院审查批准。必要的时候，人民检察院可以派人参加公安机关对于重大案件的讨论。 　（1979 年规定，1996 年修改）	第八十七条　公安机关要求逮捕犯罪嫌疑人的时候，应当写出提请批准逮捕书，连同案卷材料、证据，一并移送同级人民检察院审查批准。必要的时候，人民检察院可以派人参加公安机关对于重大案件的讨论。

《中华人民共和国刑事诉讼法》 （2012年3月14日第二次修正） （阴影部分是2018年删去的内容）	《中华人民共和国刑事诉讼法》 （2018年10月26日第三次修正） （黑体部分是2018年增加的内容）
第八十六条 人民检察院审查批准逮捕，可以讯问犯罪嫌疑人；有下列情形之一的，应当讯问犯罪嫌疑人： （一）对是否符合逮捕条件有疑问的； （二）犯罪嫌疑人要求向检察人员当面陈述的； （三）侦查活动可能有重大违法行为的。 人民检察院审查批准逮捕，可以询问证人等诉讼参与人，听取辩护律师的意见；辩护律师提出要求的，应当听取辩护律师的意见。 （2012年增加）	**第八十八条** 人民检察院审查批准逮捕，可以讯问犯罪嫌疑人；有下列情形之一的，应当讯问犯罪嫌疑人： （一）对是否符合逮捕条件有疑问的； （二）犯罪嫌疑人要求向检察人员当面陈述的； （三）侦查活动可能有重大违法行为的。 人民检察院审查批准逮捕，可以询问证人等诉讼参与人，听取辩护律师的意见；辩护律师提出要求的，应当听取辩护律师的意见。
第八十七条 人民检察院审查批准逮捕犯罪嫌疑人由检察长决定。重大案件应当提交检察委员会讨论决定。 （1979年规定，1996年修改）	**第八十九条** 人民检察院审查批准逮捕犯罪嫌疑人由检察长决定。重大案件应当提交检察委员会讨论决定。
第八十八条 人民检察院对于公安机关提请批准逮捕的案件进行审查后，应当根据情况分别作出批准逮捕或者不批准逮捕的决定。对于批准逮捕的决定，公安机关应当立即执行，并且将执行情况及时通知人民检察院。对于不批准逮捕的，人民检察院应当说明理由，需要补充侦查的，应当同时通知公安机关。 （1979年规定，1996年修改）	**第九十条** 人民检察院对于公安机关提请批准逮捕的案件进行审查后，应当根据情况分别作出批准逮捕或者不批准逮捕的决定。对于批准逮捕的决定，公安机关应当立即执行，并且将执行情况及时通知人民检察院。对于不批准逮捕的，人民检察院应当说明理由，需要补充侦查的，应当同时通知公安机关。

《中华人民共和国刑事诉讼法》 （2012 年 3 月 14 日第二次修正） （阴影部分是 2018 年删去的内容）	《中华人民共和国刑事诉讼法》 （2018 年 10 月 26 日第三次修正） （黑体部分是 2018 年增加的内容）
第八十九条　公安机关对被拘留的人，认为需要逮捕的，应当在拘留后的三日以内，提请人民检察院审查批准。在特殊情况下，提请审查批准的时间可以延长一日至四日。 　　对于流窜作案、多次作案、结伙作案的重大嫌疑分子，提请审查批准的时间可以延长至三十日。 　　人民检察院应当自接到公安机关提请批准逮捕书后的七日以内，作出批准逮捕或者不批准逮捕的决定。人民检察院不批准逮捕的，公安机关应当在接到通知后立即释放，并且将执行情况及时通知人民检察院。对于需要继续侦查，并且符合取保候审、监视居住条件的，依法取保候审或者监视居住。 　　（1979 年规定，1996 年修改）	**第九十一条**　公安机关对被拘留的人，认为需要逮捕的，应当在拘留后的三日以内，提请人民检察院审查批准。在特殊情况下，提请审查批准的时间可以延长一日至四日。 　　对于流窜作案、多次作案、结伙作案的重大嫌疑分子，提请审查批准的时间可以延长至三十日。 　　人民检察院应当自接到公安机关提请批准逮捕书后的七日以内，作出批准逮捕或者不批准逮捕的决定。人民检察院不批准逮捕的，公安机关应当在接到通知后立即释放，并且将执行情况及时通知人民检察院。对于需要继续侦查，并且符合取保候审、监视居住条件的，依法取保候审或者监视居住。
第九十条　公安机关对人民检察院不批准逮捕的决定，认为有错误的时候，可以要求复议，但是必须将被拘留的人立即释放。如果意见不被接受，可以向上一级人民检察院提请复核。上级人民检察院应当立即复核，作出是否变更的决定，通知下级人民检察院和公安机关执行。 　　（1979 年规定）	**第九十二条**　公安机关对人民检察院不批准逮捕的决定，认为有错误的时候，可以要求复议，但是必须将被拘留的人立即释放。如果意见不被接受，可以向上一级人民检察院提请复核。上级人民检察院应当立即复核，作出是否变更的决定，通知下级人民检察院和公安机关执行。
第九十一条　公安机关逮捕人的时候，必须出示逮捕证。 　　逮捕后，应当立即将被逮捕人送看守所羁押。除无法通知的以外，应当在逮捕后二十四小时以内，通知被逮捕人的家属。 　　（1979 年规定，2012 年修改）	**第九十三条**　公安机关逮捕人的时候，必须出示逮捕证。 　　逮捕后，应当立即将被逮捕人送看守所羁押。除无法通知的以外，应当在逮捕后二十四小时以内，通知被逮捕人的家属。

《中华人民共和国刑事诉讼法》 （2012 年 3 月 14 日第二次修正） （阴影部分是 2018 年删去的内容）	《中华人民共和国刑事诉讼法》 （2018 年 10 月 26 日第三次修正） （黑体部分是 2018 年增加的内容）
第九十二条 人民法院、人民检察院对于各自决定逮捕的人，公安机关对于经人民检察院批准逮捕的人，都必须在逮捕后的二十四小时以内进行讯问。在发现不应当逮捕的时候，必须立即释放，发给释放证明。 （1979 年规定）	第九十四条 人民法院、人民检察院对于各自决定逮捕的人，公安机关对于经人民检察院批准逮捕的人，都必须在逮捕后的二十四小时以内进行讯问。在发现不应当逮捕的时候，必须立即释放，发给释放证明。
第九十三条 犯罪嫌疑人、被告人被逮捕后，人民检察院仍应当对羁押的必要性进行审查。对不需要继续羁押的，应当建议予以释放或者变更强制措施。有关机关应当在十日以内将处理情况通知人民检察院。 （2012 年增加）	第九十五条 犯罪嫌疑人、被告人被逮捕后，人民检察院仍应当对羁押的必要性进行审查。对不需要继续羁押的，应当建议予以释放或者变更强制措施。有关机关应当在十日以内将处理情况通知人民检察院。
第九十四条 人民法院、人民检察院和公安机关如果发现对犯罪嫌疑人、被告人采取强制措施不当的，应当及时撤销或者变更。公安机关释放被逮捕的人或者变更逮捕措施的，应当通知原批准的人民检察院。 （1996 年增加）	第九十六条 人民法院、人民检察院和公安机关如果发现对犯罪嫌疑人、被告人采取强制措施不当的，应当及时撤销或者变更。公安机关释放被逮捕的人或者变更逮捕措施的，应当通知原批准的人民检察院。
第九十五条 犯罪嫌疑人、被告人及其法定代理人、近亲属或者辩护人有权申请变更强制措施。人民法院、人民检察院和公安机关收到申请后，应当在三日以内作出决定；不同意变更强制措施的，应当告知申请人，并说明不同意的理由。 （1996 年增加，2012 年修改） （2012 年修改刑事诉讼法将 1996 年刑事诉讼法第五十二条有关内容移至本条）	第九十七条 犯罪嫌疑人、被告人及其法定代理人、近亲属或者辩护人有权申请变更强制措施。人民法院、人民检察院和公安机关收到申请后，应当在三日以内作出决定；不同意变更强制措施的，应当告知申请人，并说明不同意的理由。

《中华人民共和国刑事诉讼法》 （2012 年 3 月 14 日第二次修正） （阴影部分是 2018 年删去的内容）	《中华人民共和国刑事诉讼法》 （2018 年 10 月 26 日第三次修正） （黑体部分是 2018 年增加的内容）
第九十六条　犯罪嫌疑人、被告人被羁押的案件，不能在本法规定的侦查羁押、审查起诉、一审、二审期限内办结的，对犯罪嫌疑人、被告人应当予以释放；需要继续查证、审理的，对犯罪嫌疑人、被告人可以取保候审或者监视居住。 　　（1996 年增加，2012 年修改）	**第九十八条**　犯罪嫌疑人、被告人被羁押的案件，不能在本法规定的侦查羁押、审查起诉、一审、二审期限内办结的，对犯罪嫌疑人、被告人应当予以释放；需要继续查证、审理的，对犯罪嫌疑人、被告人可以取保候审或者监视居住。
第九十七条　人民法院、人民检察院或者公安机关对被采取强制措施法定期限届满的犯罪嫌疑人、被告人，应当予以释放、解除取保候审、监视居住或者依法变更强制措施。犯罪嫌疑人、被告人及其法定代理人、近亲属或者辩护人对于人民法院、人民检察院或者公安机关采取强制措施法定期限届满的，有权要求解除强制措施。 　　（1996 年增加，2012 年修改）	**第九十九条**　人民法院、人民检察院或者公安机关对被采取强制措施法定期限届满的犯罪嫌疑人、被告人，应当予以释放、解除取保候审、监视居住或者依法变更强制措施。犯罪嫌疑人、被告人及其法定代理人、近亲属或者辩护人对于人民法院、人民检察院或者公安机关采取强制措施法定期限届满的，有权要求解除强制措施。
第九十八条　人民检察院在审查批准逮捕工作中，如果发现公安机关的侦查活动有违法情况，应当通知公安机关予以纠正，公安机关应当将纠正情况通知人民检察院。 　　（1979 年规定）	**第一百条**　人民检察院在审查批准逮捕工作中，如果发现公安机关的侦查活动有违法情况，应当通知公安机关予以纠正，公安机关应当将纠正情况通知人民检察院。

《中华人民共和国刑事诉讼法》 （2012年3月14日第二次修正） （阴影部分是2018年删去的内容）	《中华人民共和国刑事诉讼法》 （2018年10月26日第三次修正） （黑体部分是2018年增加的内容）
第七章　附带民事诉讼	**第七章　附带民事诉讼**
第九十九条　被害人由于被告人的犯罪行为而遭受物质损失的，在刑事诉讼过程中，有权提起附带民事诉讼。被害人死亡或者丧失行为能力的，被害人的法定代理人、近亲属有权提起附带民事诉讼。 　　如果是国家财产、集体财产遭受损失的，人民检察院在提起公诉的时候，可以提起附带民事诉讼。 　　（1979年规定，2012年修改）	**第一百零一条**　被害人由于被告人的犯罪行为而遭受物质损失的，在刑事诉讼过程中，有权提起附带民事诉讼。被害人死亡或者丧失行为能力的，被害人的法定代理人、近亲属有权提起附带民事诉讼。 　　如果是国家财产、集体财产遭受损失的，人民检察院在提起公诉的时候，可以提起附带民事诉讼。
第一百条　人民法院在必要的时候，可以采取保全措施，查封、扣押或者冻结被告人的财产。附带民事诉讼原告人或者人民检察院可以申请人民法院采取保全措施。人民法院采取保全措施，适用民事诉讼法的有关规定。 　　（1979年规定，2012年修改）	**第一百零二条**　人民法院在必要的时候，可以采取保全措施，查封、扣押或者冻结被告人的财产。附带民事诉讼原告人或者人民检察院可以申请人民法院采取保全措施。人民法院采取保全措施，适用民事诉讼法的有关规定。
第一百零一条　人民法院审理附带民事诉讼案件，可以进行调解，或者根据物质损失情况作出判决、裁定。 　　（2012年增加）	**第一百零三条**　人民法院审理附带民事诉讼案件，可以进行调解，或者根据物质损失情况作出判决、裁定。
第一百零二条　附带民事诉讼应当同刑事案件一并审判，只有为了防止刑事案件审判的过分迟延，才可以在刑事案件审判后，由同一审判组织继续审理附带民事诉讼。 　　（1979年规定）	**第一百零四条**　附带民事诉讼应当同刑事案件一并审判，只有为了防止刑事案件审判的过分迟延，才可以在刑事案件审判后，由同一审判组织继续审理附带民事诉讼。

《中华人民共和国刑事诉讼法》 (2012 年 3 月 14 日第二次修正) (阴影部分是 2018 年删去的内容)	《中华人民共和国刑事诉讼法》 (2018 年 10 月 26 日第三次修正) (黑体部分是 2018 年增加的内容)
第八章　期间、送达	**第八章　期间、送达**
第一百零三条　期间以时、日、月计算。 期间开始的时和日不算在期间以内。 法定期间不包括路途上的时间。上诉状或者其他文件在期满前已经交邮的，不算过期。 期间的最后一日为节假日的，以节假日后的第一日为期满日期，但犯罪嫌疑人、被告人或者罪犯在押期间，应当至期满之日为止，不得因节假日而延长。 （1979 年规定，2012 年修改）	**第一百零五条**　期间以时、日、月计算。 期间开始的时和日不算在期间以内。 法定期间不包括路途上的时间。上诉状或者其他文件在期满前已经交邮的，不算过期。 期间的最后一日为节假日的，以节假日后的第一日为期满日期，但犯罪嫌疑人、被告人或者罪犯在押期间，应当至期满之日为止，不得因节假日而延长。
第一百零四条　当事人由于不能抗拒的原因或者有其他正当理由而耽误期限的，在障碍消除后五日以内，可以申请继续进行应当在期满以前完成的诉讼活动。 前款申请是否准许，由人民法院裁定。 （1979 年规定）	**第一百零六条**　当事人由于不能抗拒的原因或者有其他正当理由而耽误期限的，在障碍消除后五日以内，可以申请继续进行应当在期满以前完成的诉讼活动。 前款申请是否准许，由人民法院裁定。
第一百零五条　送达传票、通知书和其他诉讼文件应当交给收件人本人；如果本人不在，可以交给他的成年家属或者所在单位的负责人员代收。 收件人本人或者代收人拒绝接收或者拒绝签名、盖章的时候，送达人可以邀请他的邻居或者其他见证人到场，说明情况，把文件留在他的住处，在送达证上记明拒绝的事由、送达的日期，由送达人签名，即认为已经送达。 （1979 年规定）	**第一百零七条**　送达传票、通知书和其他诉讼文件应当交给收件人本人；如果本人不在，可以交给他的成年家属或者所在单位的负责人员代收。 收件人本人或者代收人拒绝接收或者拒绝签名、盖章的时候，送达人可以邀请他的邻居或者其他见证人到场，说明情况，把文件留在他的住处，在送达证上记明拒绝的事由、送达的日期，由送达人签名，即认为已经送达。

《中华人民共和国刑事诉讼法》 （2012 年 3 月 14 日第二次修正） （阴影部分是 2018 年删去的内容）	《中华人民共和国刑事诉讼法》 （2018 年 10 月 26 日第三次修正） （黑体部分是 2018 年增加的内容）
第九章　其他规定	**第九章　其他规定**
第一百零六条　本法下列用语的含意是： 　　（一）"侦查"是指公安机关、人民检察院在办理案件过程中，依照法律进行的专门调查工作和有关的强制性措施； 　　（二）"当事人"是指被害人、自诉人、犯罪嫌疑人、被告人、附带民事诉讼的原告人和被告人； 　　（三）"法定代理人"是指被代理人的父母、养父母、监护人和负有保护责任的机关、团体的代表； 　　（四）"诉讼参与人"是指当事人、法定代理人、诉讼代理人、辩护人、证人、鉴定人和翻译人员； 　　（五）"诉讼代理人"是指公诉案件的被害人及其法定代理人或者近亲属、自诉案件的自诉人及其法定代理人委托代为参加诉讼的人和附带民事诉讼的当事人及其法定代理人委托代为参加诉讼的人； 　　（六）"近亲属"是指夫、妻、父、母、子、女、同胞兄弟姊妹。 　　（1979 年规定，1996 年修改）	**第一百零八条**　本法下列用语的含意是： 　　（一）"侦查"是指公安机关、人民检察院**对于刑事案件**，依照法律进行的**收集证据、查明案情**的工作和有关的强制性措施； 　　（二）"当事人"是指被害人、自诉人、犯罪嫌疑人、被告人、附带民事诉讼的原告人和被告人； 　　（三）"法定代理人"是指被代理人的父母、养父母、监护人和负有保护责任的机关、团体的代表； 　　（四）"诉讼参与人"是指当事人、法定代理人、诉讼代理人、辩护人、证人、鉴定人和翻译人员； 　　（五）"诉讼代理人"是指公诉案件的被害人及其法定代理人或者近亲属、自诉案件的自诉人及其法定代理人委托代为参加诉讼的人和附带民事诉讼的当事人及其法定代理人委托代为参加诉讼的人； 　　（六）"近亲属"是指夫、妻、父、母、子、女、同胞兄弟姊妹。 　　（2018 年修改）
第二编　立案、侦查和提起公诉	**第二编　立案、侦查和提起公诉**
第一章　立　案	**第一章　立　案**
第一百零七条　公安机关或者人民检察院发现犯罪事实或者犯罪嫌疑人，应当按照管辖范围，立案侦查。 　　（1996 年增加）	**第一百零九条**　公安机关或者人民检察院发现犯罪事实或者犯罪嫌疑人，应当按照管辖范围，立案侦查。

《中华人民共和国刑事诉讼法》 （2012 年 3 月 14 日第二次修正） （阴影部分是 2018 年删去的内容）	《中华人民共和国刑事诉讼法》 （2018 年 10 月 26 日第三次修正） （黑体部分是 2018 年增加的内容）
第一百零八条　任何单位和个人发现有犯罪事实或者犯罪嫌疑人，有权利也有义务向公安机关、人民检察院或者人民法院报案或者举报。 　　被害人对侵犯其人身、财产权利的犯罪事实或者犯罪嫌疑人，有权向公安机关、人民检察院或者人民法院报案或者控告。 　　公安机关、人民检察院或者人民法院对于报案、控告、举报，都应当接受。对于不属于自己管辖的，应当移送主管机关处理，并且通知报案人、控告人、举报人；对于不属于自己管辖而又必须采取紧急措施的，应当先采取紧急措施，然后移送主管机关。 　　犯罪人向公安机关、人民检察院或者人民法院自首的，适用第三款规定。 　　（1979 年规定，1996 年修改）	第一百一十条　任何单位和个人发现有犯罪事实或者犯罪嫌疑人，有权利也有义务向公安机关、人民检察院或者人民法院报案或者举报。 　　被害人对侵犯其人身、财产权利的犯罪事实或者犯罪嫌疑人，有权向公安机关、人民检察院或者人民法院报案或者控告。 　　公安机关、人民检察院或者人民法院对于报案、控告、举报，都应当接受。对于不属于自己管辖的，应当移送主管机关处理，并且通知报案人、控告人、举报人；对于不属于自己管辖而又必须采取紧急措施的，应当先采取紧急措施，然后移送主管机关。 　　犯罪人向公安机关、人民检察院或者人民法院自首的，适用第三款规定。

《中华人民共和国刑事诉讼法》 （2012年3月14日第二次修正） （阴影部分是2018年删去的内容）	《中华人民共和国刑事诉讼法》 （2018年10月26日第三次修正） （黑体部分是2018年增加的内容）
第一百零九条　报案、控告、举报可以用书面或者口头提出。接受口头报案、控告、举报的工作人员，应当写成笔录，经宣读无误后，由报案人、控告人、举报人签名或者盖章。 接受控告、举报的工作人员，应当向控告人、举报人说明诬告应负的法律责任。但是，只要不是捏造事实，伪造证据，即使控告、举报的事实有出入，甚至是错告的，也要和诬告严格加以区别。 公安机关、人民检察院或者人民法院应当保障报案人、控告人、举报人及其近亲属的安全。报案人、控告人、举报人如果不愿公开自己的姓名和报案、控告、举报的行为，应当为他保守秘密。 （1979年规定，1996年修改）	第一百一十一条　报案、控告、举报可以用书面或者口头提出。接受口头报案、控告、举报的工作人员，应当写成笔录，经宣读无误后，由报案人、控告人、举报人签名或者盖章。 接受控告、举报的工作人员，应当向控告人、举报人说明诬告应负的法律责任。但是，只要不是捏造事实，伪造证据，即使控告、举报的事实有出入，甚至是错告的，也要和诬告严格加以区别。 公安机关、人民检察院或者人民法院应当保障报案人、控告人、举报人及其近亲属的安全。报案人、控告人、举报人如果不愿公开自己的姓名和报案、控告、举报的行为，应当为他保守秘密。
第一百一十条　人民法院、人民检察院或者公安机关对于报案、控告、举报和自首的材料，应当按照管辖范围，迅速进行审查，认为有犯罪事实需要追究刑事责任的时候，应当立案；认为没有犯罪事实，或者犯罪事实显著轻微，不需要追究刑事责任的时候，不予立案，并且将不立案的原因通知控告人。控告人如果不服，可以申请复议。 （1979年规定，1996年修改）	第一百一十二条　人民法院、人民检察院或者公安机关对于报案、控告、举报和自首的材料，应当按照管辖范围，迅速进行审查，认为有犯罪事实需要追究刑事责任的时候，应当立案；认为没有犯罪事实，或者犯罪事实显著轻微，不需要追究刑事责任的时候，不予立案，并且将不立案的原因通知控告人。控告人如果不服，可以申请复议。

《中华人民共和国刑事诉讼法》 （2012 年 3 月 14 日第二次修正） （阴影部分是 2018 年删去的内容）	《中华人民共和国刑事诉讼法》 （2018 年 10 月 26 日第三次修正） （黑体部分是 2018 年增加的内容）
第一百一十一条　人民检察院认为公安机关对应当立案侦查的案件而不立案侦查的，或者被害人认为公安机关对应当立案侦查的案件而不立案侦查，向人民检察院提出的，人民检察院应当要求公安机关说明不立案的理由。人民检察院认为公安机关不立案理由不能成立的，应当通知公安机关立案，公安机关接到通知后应当立案。 （1996 年增加）	第一百一十三条　人民检察院认为公安机关对应当立案侦查的案件而不立案侦查的，或者被害人认为公安机关对应当立案侦查的案件而不立案侦查，向人民检察院提出的，人民检察院应当要求公安机关说明不立案的理由。人民检察院认为公安机关不立案理由不能成立的，应当通知公安机关立案，公安机关接到通知后应当立案。
第一百一十二条　对于自诉案件，被害人有权向人民法院直接起诉。被害人死亡或者丧失行为能力的，被害人的法定代理人、近亲属有权向人民法院起诉。人民法院应当依法受理。 （1996 年增加）	第一百一十四条　对于自诉案件，被害人有权向人民法院直接起诉。被害人死亡或者丧失行为能力的，被害人的法定代理人、近亲属有权向人民法院起诉。人民法院应当依法受理。
第二章　侦　查	第二章　侦　查
第一节　一般规定	第一节　一般规定
第一百一十三条　公安机关对已经立案的刑事案件，应当进行侦查，收集、调取犯罪嫌疑人有罪或者无罪、罪轻或者罪重的证据材料。对现行犯或者重大嫌疑分子可以依法先行拘留，对符合逮捕条件的犯罪嫌疑人，应当依法逮捕。 （1996 年增加）	第一百一十五条　公安机关对已经立案的刑事案件，应当进行侦查，收集、调取犯罪嫌疑人有罪或者无罪、罪轻或者罪重的证据材料。对现行犯或者重大嫌疑分子可以依法先行拘留，对符合逮捕条件的犯罪嫌疑人，应当依法逮捕。
第一百一十四条　公安机关经过侦查，对有证据证明有犯罪事实的案件，应当进行预审，对收集、调取的证据材料予以核实。 （1996 年增加）	第一百一十六条　公安机关经过侦查，对有证据证明有犯罪事实的案件，应当进行预审，对收集、调取的证据材料予以核实。

《中华人民共和国刑事诉讼法》 （2012年3月14日第二次修正） （阴影部分是2018年删去的内容）	《中华人民共和国刑事诉讼法》 （2018年10月26日第三次修正） （黑体部分是2018年增加的内容）
第一百一十五条　当事人和辩护人、诉讼代理人、利害关系人对于司法机关及其工作人员有下列行为之一的，有权向该机关申诉或者控告： 　　（一）采取强制措施法定期限届满，不予以释放、解除或者变更的； 　　（二）应当退还取保候审保证金不退还的； 　　（三）对与案件无关的财物采取查封、扣押、冻结措施的； 　　（四）应当解除查封、扣押、冻结不解除的； 　　（五）贪污、挪用、私分、调换、违反规定使用查封、扣押、冻结的财物的。 　　受理申诉或者控告的机关应当及时处理。对处理不服的，可以向同级人民检察院申诉；人民检察院直接受理的案件，可以向上一级人民检察院申诉。人民检察院对申诉应当及时进行审查，情况属实的，通知有关机关予以纠正。 　　（2012年增加）	第一百一十七条　当事人和辩护人、诉讼代理人、利害关系人对于司法机关及其工作人员有下列行为之一的，有权向该机关申诉或者控告： 　　（一）采取强制措施法定期限届满，不予以释放、解除或者变更的； 　　（二）应当退还取保候审保证金不退还的； 　　（三）对与案件无关的财物采取查封、扣押、冻结措施的； 　　（四）应当解除查封、扣押、冻结不解除的； 　　（五）贪污、挪用、私分、调换、违反规定使用查封、扣押、冻结的财物的。 　　受理申诉或者控告的机关应当及时处理。对处理不服的，可以向同级人民检察院申诉；人民检察院直接受理的案件，可以向上一级人民检察院申诉。人民检察院对申诉应当及时进行审查，情况属实的，通知有关机关予以纠正。
第二节　讯问犯罪嫌疑人	第二节　讯问犯罪嫌疑人
第一百一十六条　讯问犯罪嫌疑人必须由人民检察院或者公安机关的侦查人员负责进行。讯问的时候，侦查人员不得少于二人。 　　犯罪嫌疑人被送交看守所羁押以后，侦查人员对其进行讯问，应当在看守所内进行。 　　（1979年规定，1996年和2012年修改）	第一百一十八条　讯问犯罪嫌疑人必须由人民检察院或者公安机关的侦查人员负责进行。讯问的时候，侦查人员不得少于二人。 　　犯罪嫌疑人被送交看守所羁押以后，侦查人员对其进行讯问，应当在看守所内进行。

《中华人民共和国刑事诉讼法》 (2012 年 3 月 14 日第二次修正) (阴影部分是 2018 年删去的内容)	《中华人民共和国刑事诉讼法》 (2018 年 10 月 26 日第三次修正) (黑体部分是 2018 年增加的内容)
第一百一十七条　对不需要逮捕、拘留的犯罪嫌疑人，可以传唤到犯罪嫌疑人所在市、县内的指定地点或者到他的住处进行讯问，但是应当出示人民检察院或者公安机关的证明文件。对在现场发现的犯罪嫌疑人，经出示工作证件，可以口头传唤，但应当在讯问笔录中注明。 　　传唤、拘传持续的时间不得超过十二小时；案情特别重大、复杂，需要采取拘留、逮捕措施的，传唤、拘传持续的时间不得超过二十四小时。 　　不得以连续传唤、拘传的形式变相拘禁犯罪嫌疑人。传唤、拘传犯罪嫌疑人，应当保证犯罪嫌疑人的饮食和必要的休息时间。 　　(1979 年规定，1996 年和 2012 年修改)	第一百一十九条　对不需要逮捕、拘留的犯罪嫌疑人，可以传唤到犯罪嫌疑人所在市、县内的指定地点或者到他的住处进行讯问，但是应当出示人民检察院或者公安机关的证明文件。对在现场发现的犯罪嫌疑人，经出示工作证件，可以口头传唤，但应当在讯问笔录中注明。 　　传唤、拘传持续的时间不得超过十二小时；案情特别重大、复杂，需要采取拘留、逮捕措施的，传唤、拘传持续的时间不得超过二十四小时。 　　不得以连续传唤、拘传的形式变相拘禁犯罪嫌疑人。传唤、拘传犯罪嫌疑人，应当保证犯罪嫌疑人的饮食和必要的休息时间。
第一百一十八条　侦查人员在讯问犯罪嫌疑人的时候，应当首先讯问犯罪嫌疑人是否有犯罪行为，让他陈述有罪的情节或者无罪的辩解，然后向他提出问题。犯罪嫌疑人对侦查人员的提问，应当如实回答。但是对与本案无关的问题，有拒绝回答的权利。 　　侦查人员在讯问犯罪嫌疑人的时候，应当告知犯罪嫌疑人如实供述自己罪行可以从宽处理的法律规定。 　　(1979 年规定，1996 年和 2012 年修改)	第一百二十条　侦查人员在讯问犯罪嫌疑人的时候，应当首先讯问犯罪嫌疑人是否有犯罪行为，让他陈述有罪的情节或者无罪的辩解，然后向他提出问题。犯罪嫌疑人对侦查人员的提问，应当如实回答。但是对与本案无关的问题，有拒绝回答的权利。 　　侦查人员在讯问犯罪嫌疑人的时候，应当告知犯罪嫌疑人享有的诉讼权利，如实供述自己罪行可以从宽处理和认罪认罚的法律规定。 　　(2018 年修改)

《中华人民共和国刑事诉讼法》 （2012年3月14日第二次修正） （阴影部分是2018年删去的内容）	《中华人民共和国刑事诉讼法》 （2018年10月26日第三次修正） （黑体部分是2018年增加的内容）
第一百一十九条 讯问聋、哑的犯罪嫌疑人，应当有通晓聋、哑手势的人参加，并且将这种情况记明笔录。 （1979年规定，1996年修改）	**第一百二十一条** 讯问聋、哑的犯罪嫌疑人，应当有通晓聋、哑手势的人参加，并且将这种情况记明笔录。
第一百二十条 讯问笔录应当交犯罪嫌疑人核对，对于没有阅读能力的，应当向他宣读。如果记载有遗漏或者差错，犯罪嫌疑人可以提出补充或者改正。犯罪嫌疑人承认笔录没有错误后，应当签名或者盖章。侦查人员也应当在笔录上签名。犯罪嫌疑人请求自行书写供述的，应当准许。必要的时候，侦查人员也可以要犯罪嫌疑人亲笔书写供词。 （1979年规定，1996年修改）	**第一百二十二条** 讯问笔录应当交犯罪嫌疑人核对，对于没有阅读能力的，应当向他宣读。如果记载有遗漏或者差错，犯罪嫌疑人可以提出补充或者改正。犯罪嫌疑人承认笔录没有错误后，应当签名或者盖章。侦查人员也应当在笔录上签名。犯罪嫌疑人请求自行书写供述的，应当准许。必要的时候，侦查人员也可以要犯罪嫌疑人亲笔书写供词。
第一百二十一条 侦查人员在讯问犯罪嫌疑人的时候，可以对讯问过程进行录音或者录像；对于可能判处无期徒刑、死刑的案件或者其他重大犯罪案件，应当对讯问过程进行录音或者录像。 录音或者录像应当全程进行，保持完整性。 （2012年增加）	**第一百二十三条** 侦查人员在讯问犯罪嫌疑人的时候，可以对讯问过程进行录音或者录像；对于可能判处无期徒刑、死刑的案件或者其他重大犯罪案件，应当对讯问过程进行录音或者录像。 录音或者录像应当全程进行，保持完整性。

《中华人民共和国刑事诉讼法》 （2012 年 3 月 14 日第二次修正） （阴影部分是 2018 年删去的内容）	《中华人民共和国刑事诉讼法》 （2018 年 10 月 26 日第三次修正） （黑体部分是 2018 年增加的内容）
第三节　询问证人	第三节　询问证人
第一百二十二条　侦查人员询问证人，可以在现场进行，也可以到证人所在单位、住处或者证人提出的地点进行，在必要的时候，可以通知证人到人民检察院或者公安机关提供证言。在现场询问证人，应当出示工作证件，到人民所在单位、住处或者证人提出的地点询问证人，应当出示人民检察院或者公安机关的证明文件。 　　询问证人应当个别进行。 　　（1979 年规定，2012 年修改）	第一百二十四条　侦查人员询问证人，可以在现场进行，也可以到证人所在单位、住处或者证人提出的地点进行，在必要的时候，可以通知证人到人民检察院或者公安机关提供证言。在现场询问证人，应当出示工作证件，到证人所在单位、住处或者证人提出的地点询问证人，应当出示人民检察院或者公安机关的证明文件。 　　询问证人应当个别进行。
第一百二十三条　询问证人，应当告知他应当如实地提供证据、证言和有意作伪证或者隐匿罪证要负的法律责任。 　　（1979 年规定，1996 年和 2012 年修改）	第一百二十五条　询问证人，应当告知他应当如实地提供证据、证言和有意作伪证或者隐匿罪证要负的法律责任。
第一百二十四条　本法第一百二十条的规定，也适用于询问证人。 　　（1979 年规定）	第一百二十六条　本法第一百二十二条的规定，也适用于询问证人。 　　（2018 年调整）
第一百二十五条　询问被害人，适用本节各条规定。 　　（1979 年规定）	第一百二十七条　询问被害人，适用本节各条规定。
第四节　勘验、检查	第四节　勘验、检查
第一百二十六条　侦查人员对于与犯罪有关的场所、物品、人身、尸体应当进行勘验或者检查。在必要的时候，可以指派或者聘请具有专门知识的人，在侦查人员的主持下进行勘验、检查。 　　（1979 年规定）	第一百二十八条　侦查人员对于与犯罪有关的场所、物品、人身、尸体应当进行勘验或者检查。在必要的时候，可以指派或者聘请具有专门知识的人，在侦查人员的主持下进行勘验、检查。

《中华人民共和国刑事诉讼法》 （2012 年 3 月 14 日第二次修正） （阴影部分是 2018 年删去的内容）	《中华人民共和国刑事诉讼法》 （2018 年 10 月 26 日第三次修正） （黑体部分是 2018 年增加的内容）
第一百二十七条 任何单位和个人，都有义务保护犯罪现场，并且立即通知公安机关派员勘验。 （1979 年规定）	**第一百二十九条** 任何单位和个人，都有义务保护犯罪现场，并且立即通知公安机关派员勘验。
第一百二十八条 侦查人员执行勘验、检查，必须持有人民检察院或者公安机关的证明文件。 （1979 年规定，1996 年修改）	**第一百三十条** 侦查人员执行勘验、检查，必须持有人民检察院或者公安机关的证明文件。
第一百二十九条 对于死因不明的尸体，公安机关有权决定解剖，并且通知死者家属到场。 （1979 年规定）	**第一百三十一条** 对于死因不明的尸体，公安机关有权决定解剖，并且通知死者家属到场。
第一百三十条 为了确定被害人、犯罪嫌疑人的某些特征、伤害情况或者生理状态，可以对人身进行检查，可以提取指纹信息，采集血液、尿液等生物样本。 犯罪嫌疑人如果拒绝检查，侦查人员认为必要的时候，可以强制检查。 检查妇女的身体，应当由女工作人员或者医师进行。 （1979 年规定，1996 年和 2012 年修改）	**第一百三十二条** 为了确定被害人、犯罪嫌疑人的某些特征、伤害情况或者生理状态，可以对人身进行检查，可以提取指纹信息，采集血液、尿液等生物样本。 犯罪嫌疑人如果拒绝检查，侦查人员认为必要的时候，可以强制检查。 检查妇女的身体，应当由女工作人员或者医师进行。
第一百三十一条 勘验、检查的情况应当写成笔录，由参加勘验、检查的人和见证人签名或者盖章。 （1979 年规定）	**第一百三十三条** 勘验、检查的情况应当写成笔录，由参加勘验、检查的人和见证人签名或者盖章。
第一百三十二条 人民检察院审查案件的时候，对公安机关的勘验、检查，认为需要复验、复查时，可以要求公安机关复验、复查，并且可以派检察人员参加。 （1979 年规定，1996 年修改）	**第一百三十四条** 人民检察院审查案件的时候，对公安机关的勘验、检查，认为需要复验、复查时，可以要求公安机关复验、复查，并且可以派检察人员参加。

《中华人民共和国刑事诉讼法》 （2012年3月14日第二次修正） （阴影部分是2018年删去的内容）	《中华人民共和国刑事诉讼法》 （2018年10月26日第三次修正） （黑体部分是2018年增加的内容）
第一百三十三条　为了查明案情，在必要的时候，经公安机关负责人批准，可以进行侦查实验。 　　侦查实验的情况应当写成笔录，由参加实验的人签名或者盖章。 　　侦查实验，禁止一切足以造成危险、侮辱人格或者有伤风化的行为。 　　（1979年规定，2012年修改）	**第一百三十五条**　为了查明案情，在必要的时候，经公安机关负责人批准，可以进行侦查实验。 　　侦查实验的情况应当写成笔录，由参加实验的人签名或者盖章。 　　侦查实验，禁止一切足以造成危险、侮辱人格或者有伤风化的行为。
第五节　搜　查	**第五节　搜　查**
第一百三十四条　为了收集犯罪证据、查获犯罪人，侦查人员可以对犯罪嫌疑人以及可能隐藏罪犯或者犯罪证据的人的身体、物品、住处和其他有关的地方进行搜查。 　　（1979年规定，1996年修改）	**第一百三十六条**　为了收集犯罪证据、查获犯罪人，侦查人员可以对犯罪嫌疑人以及可能隐藏罪犯或者犯罪证据的人的身体、物品、住处和其他有关的地方进行搜查。
第一百三十五条　任何单位和个人，有义务按照人民检察院和公安机关的要求，交出可以证明犯罪嫌疑人有罪或者无罪的物证、书证、视听资料等证据。 　　（1979年规定，1996年和2012年修改）	**第一百三十七条**　任何单位和个人，有义务按照人民检察院和公安机关的要求，交出可以证明犯罪嫌疑人有罪或者无罪的物证、书证、视听资料等证据。
第一百三十六条　进行搜查，必须向被搜查人出示搜查证。 　　在执行逮捕、拘留的时候，遇有紧急情况，不另用搜查证也可以进行搜查。 　　（1979年规定）	**第一百三十八条**　进行搜查，必须向被搜查人出示搜查证。 　　在执行逮捕、拘留的时候，遇有紧急情况，不另用搜查证也可以进行搜查。
第一百三十七条　在搜查的时候，应当有被搜查人或者他的家属，邻居或者其他见证人在场。 　　搜查妇女的身体，应当由女工作人员进行。 　　（1979年规定）	**第一百三十九条**　在搜查的时候，应当有被搜查人或者他的家属，邻居或者其他见证人在场。 　　搜查妇女的身体，应当由女工作人员进行。

《中华人民共和国刑事诉讼法》 （2012 年 3 月 14 日第二次修正） （阴影部分是 2018 年删去的内容）	《中华人民共和国刑事诉讼法》 （2018 年 10 月 26 日第三次修正） （黑体部分是 2018 年增加的内容）
第一百三十八条　搜查的情况应当写成笔录，由侦查人员和被搜查人或者他的家属，邻居或者其他见证人签名或者盖章。如果被搜查人或者他的家属在逃或者拒绝签名、盖章，应当在笔录上注明。 　　（1979 年规定）	**第一百四十条**　搜查的情况应当写成笔录，由侦查人员和被搜查人或者他的家属，邻居或者其他见证人签名或者盖章。如果被搜查人或者他的家属在逃或者拒绝签名、盖章，应当在笔录上注明。
第六节　查封、扣押物证、书证	**第六节　查封、扣押物证、书证**
第一百三十九条　在侦查活动中发现的可用以证明犯罪嫌疑人有罪或者无罪的各种财物、文件，应当查封、扣押；与案件无关的财物、文件，不得查封、扣押。 　　对查封、扣押的财物、文件，要妥善保管或者封存，不得使用、调换或者损毁。 　　（1979 年规定，1996 年和 2012 年修改）	**第一百四十一条**　在侦查活动中发现的可用以证明犯罪嫌疑人有罪或者无罪的各种财物、文件，应当查封、扣押；与案件无关的财物、文件，不得查封、扣押。 　　对查封、扣押的财物、文件，要妥善保管或者封存，不得使用、调换或者损毁。
第一百四十条　对查封、扣押的财物、文件，应当会同在场见证人和被查封、扣押财物、文件持有人查点清楚，当场开列清单一式二份，由侦查人员、见证人和持有人签名或者盖章，一份交给持有人，另一份附卷备查。 　　（1979 年规定，2012 年修改）	**第一百四十二条**　对查封、扣押的财物、文件，应当会同在场见证人和被查封、扣押财物、文件持有人查点清楚，当场开列清单一式二份，由侦查人员、见证人和持有人签名或者盖章，一份交给持有人，另一份附卷备查。
第一百四十一条　侦查人员认为需要扣押犯罪嫌疑人的邮件、电报的时候，经公安机关或者人民检察院批准，即可通知邮电机关将有关的邮件、电报检交扣押。 　　不需要继续扣押的时候，应即通知邮电机关。 　　（1979 年规定，1996 年修改）	**第一百四十三条**　侦查人员认为需要扣押犯罪嫌疑人的邮件、电报的时候，经公安机关或者人民检察院批准，即可通知邮电机关将有关的邮件、电报检交扣押。 　　不需要继续扣押的时候，应即通知邮电机关。

《中华人民共和国刑事诉讼法》 (2012年3月14日第二次修正) (阴影部分是2018年删去的内容)	《中华人民共和国刑事诉讼法》 (2018年10月26日第三次修正) (黑体部分是2018年增加的内容)
第一百四十二条 人民检察院、公安机关根据侦查犯罪的需要，可以依照规定查询、冻结犯罪嫌疑人的存款、汇款、债券、股票、基金份额等财产。有关单位和个人应当配合。 犯罪嫌疑人的存款、汇款、债券、股票、基金份额等财产已被冻结的，不得重复冻结。 （1996年增加，2012年修改）	第一百四十四条 人民检察院、公安机关根据侦查犯罪的需要，可以依照规定查询、冻结犯罪嫌疑人的存款、汇款、债券、股票、基金份额等财产。有关单位和个人应当配合。 犯罪嫌疑人的存款、汇款、债券、股票、基金份额等财产已被冻结的，不得重复冻结。
第一百四十三条 对查封、扣押的财物、文件、邮件、电报或者冻结的存款、汇款、债券、股票、基金份额等财产，经查明确实与案件无关的，应当在三日以内解除查封、扣押、冻结，予以退还。 （1979年规定，1996年和2012年修改）	第一百四十五条 对查封、扣押的财物、文件、邮件、电报或者冻结的存款、汇款、债券、股票、基金份额等财产，经查明确实与案件无关的，应当在三日以内解除查封、扣押、冻结，予以退还。
第七节 鉴 定	第七节 鉴 定
第一百四十四条 为了查明案情，需要解决案件中某些专门性问题的时候，应当指派、聘请有专门知识的人进行鉴定。 （1979年规定）	第一百四十六条 为了查明案情，需要解决案件中某些专门性问题的时候，应当指派、聘请有专门知识的人进行鉴定。
第一百四十五条 鉴定人进行鉴定后，应当写出鉴定意见，并且签名。 鉴定人故意作虚假鉴定的，应当承担法律责任。 （1979年规定，1996年和2012年修改）	第一百四十七条 鉴定人进行鉴定后，应当写出鉴定意见，并且签名。 鉴定人故意作虚假鉴定的，应当承担法律责任。

《中华人民共和国刑事诉讼法》 （2012年3月14日第二次修正） （阴影部分是2018年删去的内容）	《中华人民共和国刑事诉讼法》 （2018年10月26日第三次修正） （黑体部分是2018年增加的内容）
第一百四十六条　侦查机关应当将用作证据的鉴定意见告知犯罪嫌疑人、被害人。如果犯罪嫌疑人、被害人提出申请，可以补充鉴定或者重新鉴定。 （1979年规定，1996年和2012年修改）	第一百四十八条　侦查机关应当将用作证据的鉴定意见告知犯罪嫌疑人、被害人。如果犯罪嫌疑人、被害人提出申请，可以补充鉴定或者重新鉴定。
第一百四十七条　对犯罪嫌疑人作精神病鉴定的期间不计入办案期限。 （1996年增加）	第一百四十九条　对犯罪嫌疑人作精神病鉴定的期间不计入办案期限。
第八节　技术侦查措施	第八节　技术侦查措施
第一百四十八条　公安机关在立案后，对于危害国家安全犯罪、恐怖活动犯罪、黑社会性质的组织犯罪、重大毒品犯罪或者其他严重危害社会的犯罪案件，根据侦查犯罪的需要，经过严格的批准手续，可以采取技术侦查措施。 　　人民检察院在立案后，对于重大的贪污、贿赂犯罪案件以及利用职权实施的严重侵犯公民人身权利的重大犯罪案件，根据侦查犯罪的需要，经过严格的批准手续，可以采取技术侦查措施，按照规定交有关机关执行。 　　追捕被通缉或者批准、决定逮捕的在逃的犯罪嫌疑人、被告人，经过批准，可以采取追捕所必需的技术侦查措施。 （2012年增加）	第一百五十条　公安机关在立案后，对于危害国家安全犯罪、恐怖活动犯罪、黑社会性质的组织犯罪、重大毒品犯罪或者其他严重危害社会的犯罪案件，根据侦查犯罪的需要，经过严格的批准手续，可以采取技术侦查措施。 　　人民检察院在立案后，对于利用职权实施的严重侵犯公民人身权利的重大犯罪案件，根据侦查犯罪的需要，经过严格的批准手续，可以采取技术侦查措施，按照规定交有关机关执行。 　　追捕被通缉或者批准、决定逮捕的在逃的犯罪嫌疑人、被告人，经过批准，可以采取追捕所必需的技术侦查措施。 （2018年修改）

《中华人民共和国刑事诉讼法》（2012年3月14日第二次修正）（阴影部分是2018年删去的内容）	《中华人民共和国刑事诉讼法》（2018年10月26日第三次修正）（黑体部分是2018年增加的内容）
第一百四十九条 批准决定应当根据侦查犯罪的需要，确定采取技术侦查措施的种类和适用对象。批准决定自签发之日起三个月以内有效。对于不需要继续采取技术侦查措施的，应当及时解除；对于复杂、疑难案件，期限届满仍有必要继续采取技术侦查措施的，经过批准，有效期可以延长，每次不得超过三个月。 （2012年增加）	**第一百五十一条** 批准决定应当根据侦查犯罪的需要，确定采取技术侦查措施的种类和适用对象。批准决定自签发之日起三个月以内有效。对于不需要继续采取技术侦查措施的，应当及时解除；对于复杂、疑难案件，期限届满仍有必要继续采取技术侦查措施的，经过批准，有效期可以延长，每次不得超过三个月。
第一百五十条 采取技术侦查措施，必须严格按照批准的措施种类、适用对象和期限执行。 侦查人员对采取技术侦查措施过程中知悉的国家秘密、商业秘密和个人隐私，应当保密；对采取技术侦查措施获取的与案件无关的材料，必须及时销毁。 采取技术侦查措施获取的材料，只能用于对犯罪的侦查、起诉和审判，不得用于其他用途。 公安机关依法采取技术侦查措施，有关单位和个人应当配合，并对有关情况予以保密。 （2012年增加）	**第一百五十二条** 采取技术侦查措施，必须严格按照批准的措施种类、适用对象和期限执行。 侦查人员对采取技术侦查措施过程中知悉的国家秘密、商业秘密和个人隐私，应当保密；对采取技术侦查措施获取的与案件无关的材料，必须及时销毁。 采取技术侦查措施获取的材料，只能用于对犯罪的侦查、起诉和审判，不得用于其他用途。 公安机关依法采取技术侦查措施，有关单位和个人应当配合，并对有关情况予以保密。

《中华人民共和国刑事诉讼法》 （2012年3月14日第二次修正） （阴影部分是2018年删去的内容）	《中华人民共和国刑事诉讼法》 （2018年10月26日第三次修正） （黑体部分是2018年增加的内容）
第一百五十一条　为了查明案情，在必要的时候，经公安机关负责人决定，可以由有关人员隐匿其身份实施侦查。但是，不得诱使他人犯罪，不得采用可能危害公共安全或者发生重大人身危险的方法。 对涉及给付毒品等违禁品或者财物的犯罪活动，公安机关根据侦查犯罪的需要，可以依照规定实施控制下交付。 （2012年增加）	第一百五十三条　为了查明案情，在必要的时候，经公安机关负责人决定，可以由有关人员隐匿其身份实施侦查。但是，不得诱使他人犯罪，不得采用可能危害公共安全或者发生重大人身危险的方法。 对涉及给付毒品等违禁品或者财物的犯罪活动，公安机关根据侦查犯罪的需要，可以依照规定实施控制下交付。
第一百五十二条　依照本节规定采取侦查措施收集的材料在刑事诉讼中可以作为证据使用。如果使用该证据可能危及有关人员的人身安全，或者可能产生其他严重后果的，应当采取不暴露有关人员身份、技术方法等保护措施，必要的时候，可以由审判人员在庭外对证据进行核实。 （2012年增加）	第一百五十四条　依照本节规定采取侦查措施收集的材料在刑事诉讼中可以作为证据使用。如果使用该证据可能危及有关人员的人身安全，或者可能产生其他严重后果的，应当采取不暴露有关人员身份、技术方法等保护措施，必要的时候，可以由审判人员在庭外对证据进行核实。
第九节　通　缉	第九节　通　缉
第一百五十三条　应当逮捕的犯罪嫌疑人如果在逃，公安机关可以发布通缉令，采取有效措施，追捕归案。 各级公安机关在自己管辖的地区以内，可以直接发布通缉令；超出自己管辖的地区，应当报请有权决定的上级机关发布。 （1979年规定，1996年修改）	第一百五十五条　应当逮捕的犯罪嫌疑人如果在逃，公安机关可以发布通缉令，采取有效措施，追捕归案。 各级公安机关在自己管辖的地区以内，可以直接发布通缉令；超出自己管辖的地区，应当报请有权决定的上级机关发布。

《中华人民共和国刑事诉讼法》 （2012 年 3 月 14 日第二次修正） （阴影部分是 2018 年删去的内容）	《中华人民共和国刑事诉讼法》 （2018 年 10 月 26 日第三次修正） （黑体部分是 2018 年增加的内容）
第十节　侦查终结	第十节　侦查终结
第一百五十四条　对犯罪嫌疑人逮捕后的侦查羁押期限不得超过二个月。案情复杂、期限届满不能终结的案件，可以经上一级人民检察院批准延长一个月。 （1979 年规定，1996 年修改）	第一百五十六条　对犯罪嫌疑人逮捕后的侦查羁押期限不得超过二个月。案情复杂、期限届满不能终结的案件，可以经上一级人民检察院批准延长一个月。
第一百五十五条　因为特殊原因，在较长时间内不宜交付审判的特别重大复杂的案件，由最高人民检察院报请全国人民代表大会常务委员会批准延期审理。 （1979 年规定，1996 年修改）	第一百五十七条　因为特殊原因，在较长时间内不宜交付审判的特别重大复杂的案件，由最高人民检察院报请全国人民代表大会常务委员会批准延期审理。
第一百五十六条　下列案件在本法第一百五十四条规定的期限届满不能侦查终结的，经省、自治区、直辖市人民检察院批准或者决定，可以延长二个月： （一）交通十分不便的边远地区的重大复杂案件； （二）重大的犯罪集团案件； （三）流窜作案的重大复杂案件； （四）犯罪涉及面广，取证困难的重大复杂案件。 （1996 年增加）	第一百五十八条　下列案件在本法第一百五十六条规定的期限届满不能侦查终结的，经省、自治区、直辖市人民检察院批准或者决定，可以延长二个月： （一）交通十分不便的边远地区的重大复杂案件； （二）重大的犯罪集团案件； （三）流窜作案的重大复杂案件； （四）犯罪涉及面广，取证困难的重大复杂案件。 （2018 年调整）
第一百五十七条　对犯罪嫌疑人可能判处十年有期徒刑以上刑罚，依照本法第一百五十六条规定延长期限届满，仍不能侦查终结的，经省、自治区、直辖市人民检察院批准或者决定，可以再延长二个月。 （1996 年增加）	第一百五十九条　对犯罪嫌疑人可能判处十年有期徒刑以上刑罚，依照本法第一百五十八条规定延长期限届满，仍不能侦查终结的，经省、自治区、直辖市人民检察院批准或者决定，可以再延长二个月。 （2018 年调整）

《中华人民共和国刑事诉讼法》 （2012年3月14日第二次修正） （阴影部分是2018年删去的内容）	《中华人民共和国刑事诉讼法》 （2018年10月26日第三次修正） （黑体部分是2018年增加的内容）
第一百五十八条　在侦查期间，发现犯罪嫌疑人另有重要罪行的，自发现之日起依照本法第一百五十四条的规定重新计算侦查羁押期限。 　　犯罪嫌疑人不讲真实姓名、住址，身份不明的，应当对其身份进行调查，侦查羁押期限自查清其身份之日起计算，但是不得停止对其犯罪行为的侦查取证。对于犯罪事实清楚，证据确实、充分，确实无法查明其身份的，也可以按其自报的姓名起诉、审判。 　　（1996年增加，2012年修改）	第一百六十条　在侦查期间，发现犯罪嫌疑人另有重要罪行的，自发现之日起依照本法第一百五十六条的规定重新计算侦查羁押期限。 　　犯罪嫌疑人不讲真实姓名、住址，身份不明的，应当对其身份进行调查，侦查羁押期限自查清其身份之日起计算，但是不得停止对其犯罪行为的侦查取证。对于犯罪事实清楚，证据确实、充分，确实无法查明其身份的，也可以按其自报的姓名起诉、审判。 　　（2018年调整）
第一百五十九条　在案件侦查终结前，辩护律师提出要求的，侦查机关应当听取辩护律师的意见，并记录在案。辩护律师提出书面意见的，应当附卷。 　　（2012年增加）	第一百六十一条　在案件侦查终结前，辩护律师提出要求的，侦查机关应当听取辩护律师的意见，并记录在案。辩护律师提出书面意见的，应当附卷。
第一百六十条　公安机关侦查终结的案件，应当做到犯罪事实清楚，证据确实、充分，并且写出起诉意见书，连同案卷材料、证据一并移送同级人民检察院审查决定；同时将案件移送情况告知犯罪嫌疑人及其辩护律师。 　　（1979年规定，1996年和2012年修改）	第一百六十二条　公安机关侦查终结的案件，应当做到犯罪事实清楚，证据确实、充分，并且写出起诉意见书，连同案卷材料、证据一并移送同级人民检察院审查决定；同时将案件移送情况告知犯罪嫌疑人及其辩护律师。 　　**犯罪嫌疑人自愿认罪的，应当记录在案，随案移送，并在起诉意见书中写明有关情况。** 　　（2018年修改）

《中华人民共和国刑事诉讼法》 （2012年3月14日第二次修正） （阴影部分是2018年删去的内容）	《中华人民共和国刑事诉讼法》 （2018年10月26日第三次修正） （黑体部分是2018年增加的内容）
第一百六十一条　在侦查过程中，发现不应对犯罪嫌疑人追究刑事责任的，应当撤销案件；犯罪嫌疑人已被逮捕的，应当立即释放，发给释放证明，并且通知原批准逮捕的人民检察院。 （1979年规定，1996年修改）	第一百六十三条　在侦查过程中，发现不应对犯罪嫌疑人追究刑事责任的，应当撤销案件；犯罪嫌疑人已被逮捕的，应当立即释放，发给释放证明，并且通知原批准逮捕的人民检察院。
第十一节　人民检察院 对直接受理的案件的侦查	第十一节　人民检察院 对直接受理的案件的侦查
第一百六十二条　人民检察院对直接受理的案件的侦查适用本章规定。 （1996年增加）	第一百六十四条　人民检察院对直接受理的案件的侦查适用本章规定。
第一百六十三条　人民检察院直接受理的案件中符合本法第七十九条、第八十条第四项、第五项规定情形，需要逮捕、拘留犯罪嫌疑人的，由人民检察院作出决定，由公安机关执行。 （1996年增加）	第一百六十五条　人民检察院直接受理的案件中符合本法第八十一条、第八十二条第四项、第五项规定情形，需要逮捕、拘留犯罪嫌疑人的，由人民检察院作出决定，由公安机关执行。 （2018年调整）
第一百六十四条　人民检察院对直接受理的案件中被拘留的人，应当在拘留后的二十四小时以内进行讯问。在发现不应当拘留的时候，必须立即释放，发给释放证明。 （1996年增加，2012年修改）	第一百六十六条　人民检察院对直接受理的案件中被拘留的人，应当在拘留后的二十四小时以内进行讯问。在发现不应当拘留的时候，必须立即释放，发给释放证明。
第一百六十五条　人民检察院对直接受理的案件中被拘留的人，认为需要逮捕的，应当在十四日以内作出决定。在特殊情况下，决定逮捕的时间可以延长一日至三日。对不需要逮捕的，应当立即释放；对需要继续侦查，并且符合取保候审、监视居住条件的，依法取保候审或者监视居住。 （1996年增加，2012年修改）	第一百六十七条　人民检察院对直接受理的案件中被拘留的人，认为需要逮捕的，应当在十四日以内作出决定。在特殊情况下，决定逮捕的时间可以延长一日至三日。对不需要逮捕的，应当立即释放；对需要继续侦查，并且符合取保候审、监视居住条件的，依法取保候审或者监视居住。

《中华人民共和国刑事诉讼法》 （2012年3月14日第二次修正） （阴影部分是2018年删去的内容）	《中华人民共和国刑事诉讼法》 （2018年10月26日第三次修正） （黑体部分是2018年增加的内容）
第一百六十六条　人民检察院侦查终结的案件，应当作出提起公诉、不起诉或者撤销案件的决定。 （1979年规定，1996年修改）	第一百六十八条　人民检察院侦查终结的案件，应当作出提起公诉、不起诉或者撤销案件的决定。
第三章　提起公诉	第三章　提起公诉
第一百六十七条　凡需要提起公诉的案件，一律由人民检察院审查决定。 （1979年规定，1996年修改）	第一百六十九条　凡需要提起公诉的案件，一律由人民检察院审查决定。
	第一百七十条　人民检察院对于监察机关移送起诉的案件，依照本法和监察法的有关规定进行审查。人民检察院经审查，认为需要补充核实的，应当退回监察机关补充调查，必要时可以自行补充侦查。 对于监察机关移送起诉的已采取留置措施的案件，人民检察院应当对犯罪嫌疑人先行拘留，留置措施自动解除。人民检察院应当在拘留后的十日以内作出是否逮捕、取保候审或者监视居住的决定。在特殊情况下，决定的时间可以延长一日至四日。人民检察院决定采取强制措施的期间不计入审查起诉期限。 （2018年增加）
第一百六十八条　人民检察院审查案件的时候，必须查明： （一）犯罪事实、情节是否清楚，证据是否确实、充分，犯罪性质和罪名的认定是否正确； （二）有无遗漏罪行和其他应当追究刑事责任的人； （三）是否属于不应追究刑事责任的； （四）有无附带民事诉讼； （五）侦查活动是否合法。 （1979年规定）	第一百七十一条　人民检察院审查案件的时候，必须查明： （一）犯罪事实、情节是否清楚，证据是否确实、充分，犯罪性质和罪名的认定是否正确； （二）有无遗漏罪行和其他应当追究刑事责任的人； （三）是否属于不应追究刑事责任的； （四）有无附带民事诉讼； （五）侦查活动是否合法。

《中华人民共和国刑事诉讼法》 （2012 年 3 月 14 日第二次修正） （阴影部分是 2018 年删去的内容）	《中华人民共和国刑事诉讼法》 （2018 年 10 月 26 日第三次修正） （黑体部分是 2018 年增加的内容）
第一百六十九条　　人民检察院对于公安机关移送起诉的案件，应当在一个月以内作出决定，重大、复杂的案件，可以延长半个月。 　　人民检察院审查起诉的案件，改变管辖的，从改变后的人民检察院收到案件之日起计算审查起诉期限。 　　（1979 年规定，1996 年修改）	第一百七十二条　　人民检察院对于**监察机关**、公安机关移送起诉的案件，应当在一个月以内作出决定，重大、复杂的案件，可以延长十五日；**犯罪嫌疑人认罪认罚，符合速裁程序适用条件的，应当在十日以内作出决定，对可能判处的有期徒刑超过一年的，可以延长至十五日。** 　　人民检察院审查起诉的案件，改变管辖的，从改变后的人民检察院收到案件之日起计算审查起诉期限。 　　（2018 年修改）

《中华人民共和国刑事诉讼法》 （2012年3月14日第二次修正） （阴影部分是2018年删去的内容）	《中华人民共和国刑事诉讼法》 （2018年10月26日第三次修正） （黑体部分是2018年增加的内容）
第一百七十条　人民检察院审查案件，应当讯问犯罪嫌疑人，听取辩护人、被害人及其诉讼代理人的意见，并记录在案。辩护人、被害人及其诉讼代理人提出书面意见的，应当附卷。 　　（1979年规定，1996年和2012年修改）	**第一百七十三条**　人民检察院审查案件，应当讯问犯罪嫌疑人，听取辩护人**或者值班律师**、被害人及其诉讼代理人的意见，并记录在案。辩护人**或者值班律师**、被害人及其诉讼代理人提出书面意见的，应当附卷。 　　**犯罪嫌疑人认罪认罚的，人民检察院应当告知其享有的诉讼权利和认罪认罚的法律规定，听取犯罪嫌疑人、辩护人或者值班律师、被害人及其诉讼代理人对下列事项的意见，并记录在案：** 　　**（一）涉嫌的犯罪事实、罪名及适用的法律规定；** 　　**（二）从轻、减轻或者免除处罚等从宽处罚的建议；** 　　**（三）认罪认罚后案件审理适用的程序；** 　　**（四）其他需要听取意见的事项。** 　　**人民检察院依照前两款规定听取值班律师意见的，应当提前为值班律师了解案件有关情况提供必要的便利。** 　　（2018年修改）

《中华人民共和国刑事诉讼法》 （2012 年 3 月 14 日第二次修正） （阴影部分是 2018 年删去的内容）	《中华人民共和国刑事诉讼法》 （2018 年 10 月 26 日第三次修正） （黑体部分是 2018 年增加的内容）
	第一百七十四条　犯罪嫌疑人自愿认罪，同意量刑建议和程序适用的，应当在辩护人或者值班律师在场的情况下签署认罪认罚具结书。 　　**犯罪嫌疑人认罪认罚，有下列情形之一的，不需要签署认罪认罚具结书：** 　　**（一）犯罪嫌疑人是盲、聋、哑人，或者是尚未完全丧失辨认或者控制自己行为能力的精神病人的；** 　　**（二）未成年犯罪嫌疑人的法定代理人、辩护人对未成年人认罪认罚有异议的；** 　　**（三）其他不需要签署认罪认罚具结书的情形。** 　　（2018 年增加）
第一百七十一条　人民检察院审查案件，可以要求公安机关提供法庭审判所必需的证据材料；认为可能存在本法第五十四条规定的以非法方法收集证据情形的，可以要求其对证据收集的合法性作出说明。 　　人民检察院审查案件，对于需要补充侦查的，可以退回公安机关补充侦查，也可以自行侦查。 　　对于补充侦查的案件，应当在一个月以内补充侦查完毕。补充侦查以二次为限。补充侦查完毕移送人民检察院后，人民检察院重新计算审查起诉期限。 　　对于二次补充侦查的案件，人民检察院仍然认为证据不足，不符合起诉条件的，应当作出不起诉的决定。 　　（1979 年规定，1996 年和 2012 年修改）	第一百七十五条　人民检察院审查案件，可以要求公安机关提供法庭审判所必需的证据材料；认为可能存在本法第五十六条规定的以非法方法收集证据情形的，可以要求其对证据收集的合法性作出说明。 　　人民检察院审查案件，对于需要补充侦查的，可以退回公安机关补充侦查，也可以自行侦查。 　　对于补充侦查的案件，应当在一个月以内补充侦查完毕。补充侦查以二次为限。补充侦查完毕移送人民检察院后，人民检察院重新计算审查起诉期限。 　　对于二次补充侦查的案件，人民检察院仍然认为证据不足，不符合起诉条件的，应当作出不起诉的决定。 　　（2018 年调整）

《中华人民共和国刑事诉讼法》 （2012 年 3 月 14 日第二次修正） （阴影部分是 2018 年删去的内容）	《中华人民共和国刑事诉讼法》 （2018 年 10 月 26 日第三次修正） （黑体部分是 2018 年增加的内容）
第一百七十二条 人民检察院认为犯罪嫌疑人的犯罪事实已经查清，证据确实、充分，依法应当追究刑事责任的，应当作出起诉决定，按照审判管辖的规定，向人民法院提起公诉，并将案卷材料、证据移送人民法院。 （1979 年规定，1996 年和 2012 年修改）	**第一百七十六条** 人民检察院认为犯罪嫌疑人的犯罪事实已经查清，证据确实、充分，依法应当追究刑事责任的，应当作出起诉决定，按照审判管辖的规定，向人民法院提起公诉，并将案卷材料、证据移送人民法院。 **犯罪嫌疑人认罪认罚的，人民检察院应当就主刑、附加刑、是否适用缓刑等提出量刑建议，并随案移送认罪认罚具结书等材料。** （2018 年修改）
第一百七十三条 犯罪嫌疑人没有犯罪事实，或者有本法第十五条规定的情形之一的，人民检察院应当作出不起诉决定。 对于犯罪情节轻微，依照刑法规定不需要判处刑罚或者免除刑罚的，人民检察院可以作出不起诉决定。 人民检察院决定不起诉的案件，应当同时对侦查中查封、扣押、冻结的财物解除查封、扣押、冻结。对被不起诉人需要给予行政处罚、行政处分或者需要没收其违法所得的，人民检察院应当提出检察意见，移送有关主管机关处理。有关主管机关应当将处理结果及时通知人民检察院。 （1979 年规定，1996 年和 2012 年修改）	**第一百七十七条** 犯罪嫌疑人没有犯罪事实，或者有本法第十六条规定的情形之一的，人民检察院应当作出不起诉决定。 对于犯罪情节轻微，依照刑法规定不需要判处刑罚或者免除刑罚的，人民检察院可以作出不起诉决定。 人民检察院决定不起诉的案件，应当同时对侦查中查封、扣押、冻结的财物解除查封、扣押、冻结。对被不起诉人需要给予行政处罚、处分或者需要没收其违法所得的，人民检察院应当提出检察意见，移送有关主管机关处理。有关主管机关应当将处理结果及时通知人民检察院。 （2018 年修改）
第一百七十四条 不起诉的决定，应当公开宣布，并且将不起诉决定书送达被不起诉人和他的所在单位。如果被不起诉人在押，应当立即释放。 （1979 年规定，1996 年修改）	**第一百七十八条** 不起诉的决定，应当公开宣布，并且将不起诉决定书送达被不起诉人和他的所在单位。如果被不起诉人在押，应当立即释放。

《中华人民共和国刑事诉讼法》 （2012 年 3 月 14 日第二次修正） （阴影部分是 2018 年删去的内容）	《中华人民共和国刑事诉讼法》 （2018 年 10 月 26 日第三次修正） （黑体部分是 2018 年增加的内容）
第一百七十五条 对于公安机关移送起诉的案件，人民检察院决定不起诉的，应当将不起诉决定书送达公安机关。公安机关认为不起诉的决定有错误的时候，可以要求复议，如果意见不被接受，可以向上一级人民检察院提请复核。 （1979 年规定，1996 年修改）	**第一百七十九条** 对于公安机关移送起诉的案件，人民检察院决定不起诉的，应当将不起诉决定书送达公安机关。公安机关认为不起诉的决定有错误的时候，可以要求复议，如果意见不被接受，可以向上一级人民检察院提请复核。
第一百七十六条 对于有被害人的案件，决定不起诉的，人民检察院应当将不起诉决定书送达被害人。被害人如果不服，可以自收到决定书后七日以内向上一级人民检察院申诉，请求提起公诉。人民检察院应当将复查决定告知被害人。对人民检察院维持不起诉决定的，被害人可以向人民法院起诉。被害人也可以不经申诉，直接向人民法院起诉。人民法院受理案件后，人民检察院应当将有关案件材料移送人民法院。 （1979 年规定，1996 年修改）	**第一百八十条** 对于有被害人的案件，决定不起诉的，人民检察院应当将不起诉决定书送达被害人。被害人如果不服，可以自收到决定书后七日以内向上一级人民检察院申诉，请求提起公诉。人民检察院应当将复查决定告知被害人。对人民检察院维持不起诉决定的，被害人可以向人民法院起诉。被害人也可以不经申诉，直接向人民法院起诉。人民法院受理案件后，人民检察院应当将有关案件材料移送人民法院。
第一百七十七条 对于人民检察院依照本法第一百七十三条第二款规定作出的不起诉决定，被不起诉人如果不服，可以自收到决定书后七日以内向人民检察院申诉。人民检察院应当作出复查决定，通知被不起诉的人，同时抄送公安机关。 （1979 年规定，1996 年修改）	**第一百八十一条** 对于人民检察院依照本法第一百七十七条第二款规定作出的不起诉决定，被不起诉人如果不服，可以自收到决定书后七日以内向人民检察院申诉。人民检察院应当作出复查决定，通知被不起诉的人，同时抄送公安机关。 （2018 年调整）

《中华人民共和国刑事诉讼法》 (2012 年 3 月 14 日第二次修正) (阴影部分是 2018 年删去的内容)	《中华人民共和国刑事诉讼法》 (2018 年 10 月 26 日第三次修正) (黑体部分是 2018 年增加的内容)
	第一百八十二条 犯罪嫌疑人自愿如实供述涉嫌犯罪的事实，有重大立功或者案件涉及国家重大利益的，经最高人民检察院核准，公安机关可以撤销案件，人民检察院可以作出不起诉决定，也可以对涉嫌数罪中的一项或者多项不起诉。 根据前款规定不起诉或者撤销案件的，人民检察院、公安机关应当及时对查封、扣押、冻结的财物及其孳息作出处理。 (2018 年增加)
第三编 审 判	第三编 审 判
第一章 审判组织	第一章 审判组织
第一百七十八条 基层人民法院、中级人民法院审判第一审案件，应当由审判员三人或者由审判员和人民陪审员共三人组成合议庭进行，但是基层人民法院适用简易程序的案件可以由审判员一人独任审判。 高级人民法院、最高人民法院审判第一审案件，应当由审判员三人至七人或者由审判员和人民陪审员共三人至七人组成合议庭进行。 人民陪审员在人民法院执行职务，同审判员有同等的权利。 人民法院审判上诉和抗诉案件，由审判员三人至五人组成合议庭进行。 合议庭的成员人数应当是单数。 合议庭由院长或者庭长指定审判员一人担任审判长。院长或者庭长参加审判案件的时候，自己担任审判长。 (1979 年规定，1996 年修改)	第一百八十三条 基层人民法院、中级人民法院审判第一审案件，应当由审判员三人或者由审判员和人民陪审员共三人或者七人组成合议庭进行，但是基层人民法院适用简易程序、速裁程序的案件可以由审判员一人独任审判。 高级人民法院审判第一审案件，应当由审判员三人至七人或者由审判员和人民陪审员共三人或者七人组成合议庭进行。 最高人民法院审判第一审案件，应当由审判员三人至七人组成合议庭进行。 人民法院审判上诉和抗诉案件，由审判员三人或者五人组成合议庭进行。 合议庭的成员人数应当是单数。 (2018 年修改)

《中华人民共和国刑事诉讼法》 (2012 年 3 月 14 日第二次修正) (阴影部分是 2018 年删去的内容)	《中华人民共和国刑事诉讼法》 (2018 年 10 月 26 日第三次修正) (黑体部分是 2018 年增加的内容)
第一百七十九条 合议庭进行评议的时候，如果意见分歧，应当按多数人的意见作出决定，但是少数人的意见应当写入笔录。评议笔录由合议庭的组成人员签名。 （1979 年规定，1996 年修改）	第一百八十四条 合议庭进行评议的时候，如果意见分歧，应当按多数人的意见作出决定，但是少数人的意见应当写入笔录。评议笔录由合议庭的组成人员签名。
第一百八十条 合议庭开庭审理并且评议后，应当作出判决。对于疑难、复杂、重大的案件，合议庭认为难以作出决定的，由合议庭提请院长决定提交审判委员会讨论决定。审判委员会的决定，合议庭应当执行。 （1979 年规定，1996 年修改）	第一百八十五条 合议庭开庭审理并且评议后，应当作出判决。对于疑难、复杂、重大的案件，合议庭认为难以作出决定的，由合议庭提请院长决定提交审判委员会讨论决定。审判委员会的决定，合议庭应当执行。
第二章 第一审程序	第二章 第一审程序
第一节 公诉案件	第一节 公诉案件
第一百八十一条 人民法院对提起公诉的案件进行审查后，对于起诉书中有明确的指控犯罪事实的，应当决定开庭审判。 （1979 年规定，1996 年和 2012 年修改）	第一百八十六条 人民法院对提起公诉的案件进行审查后，对于起诉书中有明确的指控犯罪事实的，应当决定开庭审判。

《中华人民共和国刑事诉讼法》 （2012 年 3 月 14 日第二次修正） （阴影部分是 2018 年删去的内容）	《中华人民共和国刑事诉讼法》 （2018 年 10 月 26 日第三次修正） （黑体部分是 2018 年增加的内容）
第一百八十二条 人民法院决定开庭审判后，应当确定合议庭的组成人员，将人民检察院的起诉书副本至迟在开庭十日以前送达被告人及其辩护人。 　　在开庭以前，审判人员可以召集公诉人、当事人和辩护人、诉讼代理人，对回避、出庭证人名单、非法证据排除等与审判相关的问题，了解情况，听取意见。 　　人民法院确定开庭日期后，应当将开庭的时间、地点通知人民检察院，传唤当事人，通知辩护人、诉讼代理人、证人、鉴定人和翻译人员，传票和通知书至迟在开庭三日以前送达。公开审判的案件，应当在开庭三日以前先期公布案由、被告人姓名、开庭时间和地点。 　　上述活动情形应当写入笔录，由审判人员和书记员签名。 　　（1979 年规定，1996 年和 2012 年修改）	**第一百八十七条** 人民法院决定开庭审判后，应当确定合议庭的组成人员，将人民检察院的起诉书副本至迟在开庭十日以前送达被告人及其辩护人。 　　在开庭以前，审判人员可以召集公诉人、当事人和辩护人、诉讼代理人，对回避、出庭证人名单、非法证据排除等与审判相关的问题，了解情况，听取意见。 　　人民法院确定开庭日期后，应当将开庭的时间、地点通知人民检察院，传唤当事人，通知辩护人、诉讼代理人、证人、鉴定人和翻译人员，传票和通知书至迟在开庭三日以前送达。公开审判的案件，应当在开庭三日以前先期公布案由、被告人姓名、开庭时间和地点。 　　上述活动情形应当写入笔录，由审判人员和书记员签名。
第一百八十三条 人民法院审判第一审案件应当公开进行。但是有关国家秘密或者个人隐私的案件，不公开审理；涉及商业秘密的案件，当事人申请不公开审理的，可以不公开审理。 　　不公开审理的案件，应当当庭宣布不公开审理的理由。 　　（1979 年规定，1996 年和 2012 年修改）	**第一百八十八条** 人民法院审判第一审案件应当公开进行。但是有关国家秘密或者个人隐私的案件，不公开审理；涉及商业秘密的案件，当事人申请不公开审理的，可以不公开审理。 　　不公开审理的案件，应当当庭宣布不公开审理的理由。
第一百八十四条 人民法院审判公诉案件，人民检察院应当派员出席法庭支持公诉。 　　（1979 年规定，1996 年和 2012 年修改）	**第一百八十九条** 人民法院审判公诉案件，人民检察院应当派员出席法庭支持公诉。

《中华人民共和国刑事诉讼法》 （2012 年 3 月 14 日第二次修正） （阴影部分是 2018 年删去的内容）	《中华人民共和国刑事诉讼法》 （2018 年 10 月 26 日第三次修正） （黑体部分是 2018 年增加的内容）
第一百八十五条　开庭的时候，审判长查明当事人是否到庭，宣布案由；宣布合议庭的组成人员、书记员、公诉人、辩护人、诉讼代理人、鉴定人和翻译人员的名单；告知当事人有权对合议庭组成人员、书记员、公诉人、鉴定人和翻译人员申请回避；告知被告人享有辩护权利。 （1979 年规定，1996 年修改）	第一百九十条　开庭的时候，审判长查明当事人是否到庭，宣布案由；宣布合议庭的组成人员、书记员、公诉人、辩护人、诉讼代理人、鉴定人和翻译人员的名单；告知当事人有权对合议庭组成人员、书记员、公诉人、鉴定人和翻译人员申请回避；告知被告人享有辩护权利。 **被告人认罪认罚的，审判长应当告知被告人享有的诉讼权利和认罪认罚的法律规定，审查认罪认罚的自愿性和认罪认罚具结书内容的真实性、合法性。** （2018 年修改）
第一百八十六条　公诉人在法庭上宣读起诉书后，被告人、被害人可以就起诉书指控的犯罪进行陈述，公诉人可以讯问被告人。 　　被害人、附带民事诉讼的原告人和辩护人、诉讼代理人，经审判长许可，可以向被告人发问。 　　审判人员可以讯问被告人。 （1979 年规定，1996 年修改）	第一百九十一条　公诉人在法庭上宣读起诉书后，被告人、被害人可以就起诉书指控的犯罪进行陈述，公诉人可以讯问被告人。 　　被害人、附带民事诉讼的原告人和辩护人、诉讼代理人，经审判长许可，可以向被告人发问。 　　审判人员可以讯问被告人。

《中华人民共和国刑事诉讼法》 （2012 年 3 月 14 日第二次修正） （阴影部分是 2018 年删去的内容）	《中华人民共和国刑事诉讼法》 （2018 年 10 月 26 日第三次修正） （黑体部分是 2018 年增加的内容）
第一百八十七条 公诉人、当事人或者辩护人、诉讼代理人对证人证言有异议，且该证人证言对案件定罪量刑有重大影响，人民法院认为证人有必要出庭作证的，证人应当出庭作证。 　　人民警察就其执行职务时目击的犯罪情况作为证人出庭作证，适用前款规定。 　　公诉人、当事人或者辩护人、诉讼代理人对鉴定意见有异议，人民法院认为鉴定人有必要出庭的，鉴定人应当出庭作证。经人民法院通知，鉴定人拒不出庭作证的，鉴定意见不得作为定案的根据。 　　（2012 年增加）	**第一百九十二条** 公诉人、当事人或者辩护人、诉讼代理人对证人证言有异议，且该证人证言对案件定罪量刑有重大影响，人民法院认为证人有必要出庭作证的，证人应当出庭作证。 　　人民警察就其执行职务时目击的犯罪情况作为证人出庭作证，适用前款规定。 　　公诉人、当事人或者辩护人、诉讼代理人对鉴定意见有异议，人民法院认为鉴定人有必要出庭的，鉴定人应当出庭作证。经人民法院通知，鉴定人拒不出庭作证的，鉴定意见不得作为定案的根据。
第一百八十八条 经人民法院通知，证人没有正当理由不出庭作证的，人民法院可以强制其到庭，但是被告人的配偶、父母、子女除外。 　　证人没有正当理由拒绝出庭或者出庭后拒绝作证的，予以训诫，情节严重的，经院长批准，处以十日以下的拘留。被处罚人对拘留决定不服的，可以向上一级人民法院申请复议。复议期间不停止执行。 　　（2012 年增加）	**第一百九十三条** 经人民法院通知，证人没有正当理由不出庭作证的，人民法院可以强制其到庭，但是被告人的配偶、父母、子女除外。 　　证人没有正当理由拒绝出庭或者出庭后拒绝作证的，予以训诫，情节严重的，经院长批准，处以十日以下的拘留。被处罚人对拘留决定不服的，可以向上一级人民法院申请复议。复议期间不停止执行。
第一百八十九条 证人作证，审判人员应当告知他要如实地提供证言和有意作伪证或者隐匿罪证要负的法律责任。公诉人、当事人和辩护人、诉讼代理人经审判长许可，可以对证人、鉴定人发问。审判长认为发问的内容与案件无关的时候，应当制止。 　　审判人员可以询问证人、鉴定人。 　　（1979 年规定，1996 年修改）	**第一百九十四条** 证人作证，审判人员应当告知他要如实地提供证言和有意作伪证或者隐匿罪证要负的法律责任。公诉人、当事人和辩护人、诉讼代理人经审判长许可，可以对证人、鉴定人发问。审判长认为发问的内容与案件无关的时候，应当制止。 　　审判人员可以询问证人、鉴定人。

《中华人民共和国刑事诉讼法》 （2012 年 3 月 14 日第二次修正） （阴影部分是 2018 年删去的内容）	《中华人民共和国刑事诉讼法》 （2018 年 10 月 26 日第三次修正） （黑体部分是 2018 年增加的内容）
第一百九十条　公诉人、辩护人应当向法庭出示物证，让当事人辨认，对未到庭的证人的证言笔录、鉴定人的鉴定意见、勘验笔录和其他作为证据的文书，应当当庭宣读。审判人员应当听取公诉人、当事人和辩护人、诉讼代理人的意见。 　　（1979 年规定，1996 年和 2012 年修改）	**第一百九十五条**　公诉人、辩护人应当向法庭出示物证，让当事人辨认，对未到庭的证人的证言笔录、鉴定人的鉴定意见、勘验笔录和其他作为证据的文书，应当当庭宣读。审判人员应当听取公诉人、当事人和辩护人、诉讼代理人的意见。
第一百九十一条　法庭审理过程中，合议庭对证据有疑问的，可以宣布休庭，对证据进行调查核实。 　　人民法院调查核实证据，可以进行勘验、检查、查封、扣押、鉴定和查询、冻结。 　　（1979 年规定，1996 年和 2012 年修改）（1996 年修改刑事诉讼法将 1979 年刑事诉讼法第一百零九条有关内容移至本条第二款）	**第一百九十六条**　法庭审理过程中，合议庭对证据有疑问的，可以宣布休庭，对证据进行调查核实。 　　人民法院调查核实证据，可以进行勘验、检查、查封、扣押、鉴定和查询、冻结。
第一百九十二条　法庭审理过程中，当事人和辩护人、诉讼代理人有权申请通知新的证人到庭，调取新的物证，申请重新鉴定或者勘验。 　　公诉人、当事人和辩护人、诉讼代理人可以申请法庭通知有专门知识的人出庭，就鉴定人作出的鉴定意见提出意见。 　　法庭对于上述申请，应当作出是否同意的决定。 　　第二款规定的有专门知识的人出庭，适用鉴定人的有关规定。 　　（1979 年规定，1996 年和 2012 年修改）	**第一百九十七条**　法庭审理过程中，当事人和辩护人、诉讼代理人有权申请通知新的证人到庭，调取新的物证，申请重新鉴定或者勘验。 　　公诉人、当事人和辩护人、诉讼代理人可以申请法庭通知有专门知识的人出庭，就鉴定人作出的鉴定意见提出意见。 　　法庭对于上述申请，应当作出是否同意的决定。 　　第二款规定的有专门知识的人出庭，适用鉴定人的有关规定。

《中华人民共和国刑事诉讼法》 （2012年3月14日第二次修正） （阴影部分是2018年删去的内容）	《中华人民共和国刑事诉讼法》 （2018年10月26日第三次修正） （黑体部分是2018年增加的内容）
第一百九十三条　法庭审理过程中，对与定罪、量刑有关的事实、证据都应当进行调查、辩论。 　　经审判长许可，公诉人、当事人和辩护人、诉讼代理人可以对证据和案件情况发表意见并且可以互相辩论。 　　审判长在宣布辩论终结后，被告人有最后陈述的权利。 　　（1979年规定，1996年和2012年修改）	**第一百九十八条**　法庭审理过程中，对与定罪、量刑有关的事实、证据都应当进行调查、辩论。 　　经审判长许可，公诉人、当事人和辩护人、诉讼代理人可以对证据和案件情况发表意见并且可以互相辩论。 　　审判长在宣布辩论终结后，被告人有最后陈述的权利。
第一百九十四条　在法庭审判过程中，如果诉讼参与人或者旁听人员违反法庭秩序，审判长应当警告制止。对不听制止的，可以强行带出法庭；情节严重的，处以一千元以下的罚款或者十五日以下的拘留。罚款、拘留必须经院长批准。被处罚人对罚款、拘留的决定不服的，可以向上一级人民法院申请复议。复议期间不停止执行。 　　对聚众哄闹、冲击法庭或者侮辱、诽谤、威胁、殴打司法工作人员或者诉讼参与人，严重扰乱法庭秩序，构成犯罪的，依法追究刑事责任。 　　（1979年规定，1996年修改）	**第一百九十九条**　在法庭审判过程中，如果诉讼参与人或者旁听人员违反法庭秩序，审判长应当警告制止。对不听制止的，可以强行带出法庭；情节严重的，处以一千元以下的罚款或者十五日以下的拘留。罚款、拘留必须经院长批准。被处罚人对罚款、拘留的决定不服的，可以向上一级人民法院申请复议。复议期间不停止执行。 　　对聚众哄闹、冲击法庭或者侮辱、诽谤、威胁、殴打司法工作人员或者诉讼参与人，严重扰乱法庭秩序，构成犯罪的，依法追究刑事责任。

《中华人民共和国刑事诉讼法》 （2012 年 3 月 14 日第二次修正） （阴影部分是 2018 年删去的内容）	《中华人民共和国刑事诉讼法》 （2018 年 10 月 26 日第三次修正） （黑体部分是 2018 年增加的内容）
第一百九十五条　在被告人最后陈述后，审判长宣布休庭，合议庭进行评议，根据已经查明的事实、证据和有关的法律规定，分别作出以下判决： （一）案件事实清楚，证据确实、充分，依据法律认定被告人有罪的，应当作出有罪判决； （二）依据法律认定被告人无罪的，应当作出无罪判决； （三）证据不足，不能认定被告人有罪的，应当作出证据不足、指控的犯罪不能成立的无罪判决。 （1979 年规定，1996 年修改）	第二百条　在被告人最后陈述后，审判长宣布休庭，合议庭进行评议，根据已经查明的事实、证据和有关的法律规定，分别作出以下判决： （一）案件事实清楚，证据确实、充分，依据法律认定被告人有罪的，应当作出有罪判决； （二）依据法律认定被告人无罪的，应当作出无罪判决； （三）证据不足，不能认定被告人有罪的，应当作出证据不足、指控的犯罪不能成立的无罪判决。
	第二百零一条　对于认罪认罚案件，人民法院依法作出判决时，一般应当采纳人民检察院指控的罪名和量刑建议，但有下列情形的除外： **（一）被告人的行为不构成犯罪或者不应当追究其刑事责任的；** **（二）被告人违背意愿认罪认罚的；** **（三）被告人否认指控的犯罪事实的；** **（四）起诉指控的罪名与审理认定的罪名不一致的；** **（五）其他可能影响公正审判的情形。** **人民法院经审理认为量刑建议明显不当，或者被告人、辩护人对量刑建议提出异议的，人民检察院可以调整量刑建议。人民检察院不调整量刑建议或者调整量刑建议后仍然明显不当的，人民法院应当依法作出判决。** （2018 年增加）

《中华人民共和国刑事诉讼法》 （2012 年 3 月 14 日第二次修正） （阴影部分是 2018 年删去的内容）	《中华人民共和国刑事诉讼法》 （2018 年 10 月 26 日第三次修正） （黑体部分是 2018 年增加的内容）
第一百九十六条 宣告判决，一律公开进行。 当庭宣告判决的，应当在五日以内将判决书送达当事人和提起公诉的人民检察院；定期宣告判决的，应当在宣告后立即将判决书送达当事人和提起公诉的人民检察院。判决书应当同时送达辩护人、诉讼代理人。 （1979 年规定，2012 年修改）	**第二百零二条** 宣告判决，一律公开进行。 当庭宣告判决的，应当在五日以内将判决书送达当事人和提起公诉的人民检察院；定期宣告判决的，应当在宣告后立即将判决书送达当事人和提起公诉的人民检察院。判决书应当同时送达辩护人、诉讼代理人。
第一百九十七条 判决书应当由审判人员和书记员署名，并且写明上诉的期限和上诉的法院。 （1979 年规定，2012 年修改）	**第二百零三条** 判决书应当由审判人员和书记员署名，并且写明上诉的期限和上诉的法院。
第一百九十八条 在法庭审判过程中，遇有下列情形之一，影响审判进行的，可以延期审理： （一）需要通知新的证人到庭，调取新的物证，重新鉴定或者勘验的； （二）检察人员发现提起公诉的案件需要补充侦查，提出建议的； （三）由于申请回避而不能进行审判的。 （1979 年规定，1996 年和 2012 年修改）	**第二百零四条** 在法庭审判过程中，遇有下列情形之一，影响审判进行的，可以延期审理： （一）需要通知新的证人到庭，调取新的物证，重新鉴定或者勘验的； （二）检察人员发现提起公诉的案件需要补充侦查，提出建议的； （三）由于申请回避而不能进行审判的。
第一百九十九条 依照本法第一百九十八条第二项的规定延期审理的案件，人民检察院应当在一个月以内补充侦查完毕。 （1996 年增加）	**第二百零五条** 依照本法第二百零四条第二项的规定延期审理的案件，人民检察院应当在一个月以内补充侦查完毕。 （2018 年调整）

《中华人民共和国刑事诉讼法》 （2012 年 3 月 14 日第二次修正） （阴影部分是 2018 年删去的内容）	《中华人民共和国刑事诉讼法》 （2018 年 10 月 26 日第三次修正） （黑体部分是 2018 年增加的内容）
第二百条　在审判过程中，有下列情形之一，致使案件在较长时间内无法继续审理的，可以中止审理： （一）被告人患有严重疾病，无法出庭的； （二）被告人脱逃的； （三）自诉人患有严重疾病，无法出庭，未委托诉讼代理人出庭的； （四）由于不能抗拒的原因。 中止审理的原因消失后，应当恢复审理。中止审理的期间不计入审理期限。 （2012 年增加）	**第二百零六条**　在审判过程中，有下列情形之一，致使案件在较长时间内无法继续审理的，可以中止审理： （一）被告人患有严重疾病，无法出庭的； （二）被告人脱逃的； （三）自诉人患有严重疾病，无法出庭，未委托诉讼代理人出庭的； （四）由于不能抗拒的原因。 中止审理的原因消失后，应当恢复审理。中止审理的期间不计入审理期限。
第二百零一条　法庭审判的全部活动，应当由书记员写成笔录，经审判长审阅后，由审判长和书记员签名。 法庭笔录中的证人证言部分，应当当庭宣读或者交给证人阅读。证人在承认没有错误后，应当签名或者盖章。 法庭笔录应当交给当事人阅读或者向他宣读。当事人认为记载有遗漏或者差错的，可以请求补充或者改正。当事人承认没有错误后，应当签名或者盖章。 （1979 年规定）	**第二百零七条**　法庭审判的全部活动，应当由书记员写成笔录，经审判长审阅后，由审判长和书记员签名。 法庭笔录中的证人证言部分，应当当庭宣读或者交给证人阅读。证人在承认没有错误后，应当签名或者盖章。 法庭笔录应当交给当事人阅读或者向他宣读。当事人认为记载有遗漏或者差错的，可以请求补充或者改正。当事人承认没有错误后，应当签名或者盖章。

《中华人民共和国刑事诉讼法》 （2012年3月14日第二次修正） （阴影部分是2018年删去的内容）	《中华人民共和国刑事诉讼法》 （2018年10月26日第三次修正） （黑体部分是2018年增加的内容）
第二百零二条　人民法院审理公诉案件，应当在受理后二个月以内宣判，至迟不得超过三个月。对于可能判处死刑的案件或者附带民事诉讼的案件，以及有本法第一百五十六条规定情形之一的，经上一级人民法院批准，可以延长三个月；因特殊情况还需要延长的，报请最高人民法院批准。 　人民法院改变管辖的案件，从改变后的人民法院收到案件之日起计算审理期限。 　人民检察院补充侦查的案件，补充侦查完毕移送人民法院后，人民法院重新计算审理期限。 （1979年规定，1996年和2012年修改）	第二百零八条　人民法院审理公诉案件，应当在受理后二个月以内宣判，至迟不得超过三个月。对于可能判处死刑的案件或者附带民事诉讼的案件，以及有本法第一百五十八条规定情形之一的，经上一级人民法院批准，可以延长三个月；因特殊情况还需要延长的，报请最高人民法院批准。 　人民法院改变管辖的案件，从改变后的人民法院收到案件之日起计算审理期限。 　人民检察院补充侦查的案件，补充侦查完毕移送人民法院后，人民法院重新计算审理期限。 （2018年调整）
第二百零三条　人民检察院发现人民法院审理案件违反法律规定的诉讼程序，有权向人民法院提出纠正意见。 （1996年增加）	第二百零九条　人民检察院发现人民法院审理案件违反法律规定的诉讼程序，有权向人民法院提出纠正意见。
第二节　自诉案件	第二节　自诉案件
第二百零四条　自诉案件包括下列案件： 　（一）告诉才处理的案件； 　（二）被害人有证据证明的轻微刑事案件； 　（三）被害人有证据证明对被告人侵犯自己人身、财产权利的行为应当依法追究刑事责任，而公安机关或者人民检察院不予追究被告人刑事责任的案件。 （1996年增加）	第二百一十条　自诉案件包括下列案件： 　（一）告诉才处理的案件； 　（二）被害人有证据证明的轻微刑事案件； 　（三）被害人有证据证明对被告人侵犯自己人身、财产权利的行为应当依法追究刑事责任，而公安机关或者人民检察院不予追究被告人刑事责任的案件。

《中华人民共和国刑事诉讼法》 （2012 年 3 月 14 日第二次修正） （阴影部分是 2018 年删去的内容）	《中华人民共和国刑事诉讼法》 （2018 年 10 月 26 日第三次修正） （黑体部分是 2018 年增加的内容）
第二百零五条　人民法院对于自诉案件进行审查后，按照下列情形分别处理： 　　（一）犯罪事实清楚，有足够证据的案件，应当开庭审判； 　　（二）缺乏罪证的自诉案件，如果自诉人提不出补充证据，应当说服自诉人撤回自诉，或者裁定驳回。 　　自诉人经两次依法传唤，无正当理由拒不到庭的，或者未经法庭许可中途退庭的，按撤诉处理。 　　法庭审理过程中，审判人员对证据有疑问，需要调查核实的，适用本法第一百九十一条的规定。 　　（1979 年规定，1996 年修改）	**第二百一十一条**　人民法院对于自诉案件进行审查后，按照下列情形分别处理： 　　（一）犯罪事实清楚，有足够证据的案件，应当开庭审判； 　　（二）缺乏罪证的自诉案件，如果自诉人提不出补充证据，应当说服自诉人撤回自诉，或者裁定驳回。 　　自诉人经两次依法传唤，无正当理由拒不到庭的，或者未经法庭许可中途退庭的，按撤诉处理。 　　法庭审理过程中，审判人员对证据有疑问，需要调查核实的，适用本法第**一百九十六**条的规定。 　　（2018 年调整）
第二百零六条　人民法院对自诉案件，可以进行调解；自诉人在宣告判决前，可以同被告人自行和解或者撤回自诉。本法第**二百零四**条第三项规定的案件不适用调解。 　　人民法院审理自诉案件的期限，被告人被羁押的，适用本法第**二百零二**条第一款、第二款的规定；未被羁押的，应当在受理后六个月以内宣判。 　　（1979 年规定，1996 年和 2012 年修改）	**第二百一十二条**　人民法院对自诉案件，可以进行调解；自诉人在宣告判决前，可以同被告人自行和解或者撤回自诉。本法第**二百一十**条第三项规定的案件不适用调解。 　　人民法院审理自诉案件的期限，被告人被羁押的，适用本法第**二百零八**条第一款、第二款的规定；未被羁押的，应当在受理后六个月以内宣判。 　　（2018 年调整）
第二百零七条　自诉案件的被告人在诉讼过程中，可以对自诉人提起反诉。反诉适用自诉的规定。 　　（1979 年规定）	**第二百一十三条**　自诉案件的被告人在诉讼过程中，可以对自诉人提起反诉。反诉适用自诉的规定。

《中华人民共和国刑事诉讼法》 （2012 年 3 月 14 日第二次修正） （阴影部分是 2018 年删去的内容）	《中华人民共和国刑事诉讼法》 （2018 年 10 月 26 日第三次修正） （黑体部分是 2018 年增加的内容）
第三节　简易程序	第三节　简易程序
第二百零八条　基层人民法院管辖的案件，符合下列条件的，可以适用简易程序审判： 　　（一）案件事实清楚、证据充分的； 　　（二）被告人承认自己所犯罪行，对指控的犯罪事实没有异议的； 　　（三）被告人对适用简易程序没有异议的。 　　人民检察院在提起公诉的时候，可以建议人民法院适用简易程序。 　　（1996 年增加，2012 年修改）	**第二百一十四条**　基层人民法院管辖的案件，符合下列条件的，可以适用简易程序审判： 　　（一）案件事实清楚、证据充分的； 　　（二）被告人承认自己所犯罪行，对指控的犯罪事实没有异议的； 　　（三）被告人对适用简易程序没有异议的。 　　人民检察院在提起公诉的时候，可以建议人民法院适用简易程序。
第二百零九条　有下列情形之一的，不适用简易程序： 　　（一）被告人是盲、聋、哑人，或者是尚未完全丧失辨认或者控制自己行为能力的精神病人的； 　　（二）有重大社会影响的； 　　（三）共同犯罪案件中部分被告人不认罪或者对适用简易程序有异议的； 　　（四）其他不宜适用简易程序审理的。 　　（2012 年增加）	**第二百一十五条**　有下列情形之一的，不适用简易程序： 　　（一）被告人是盲、聋、哑人，或者是尚未完全丧失辨认或者控制自己行为能力的精神病人的； 　　（二）有重大社会影响的； 　　（三）共同犯罪案件中部分被告人不认罪或者对适用简易程序有异议的； 　　（四）其他不宜适用简易程序审理的。
第二百一十条　适用简易程序审理案件，对可能判处三年有期徒刑以下刑罚的，可以组成合议庭进行审判，也可以由审判员一人独任审判；对可能判处的有期徒刑超过三年的，应当组成合议庭进行审判。 　　适用简易程序审理公诉案件，人民检察院**应当派员出席法庭**。 　　（1996 年增加，2012 年修改）	**第二百一十六条**　适用简易程序审理案件，对可能判处三年有期徒刑以下刑罚的，可以组成合议庭进行审判，也可以由审判员一人独任审判；对可能判处的有期徒刑超过三年的，应当组成合议庭进行审判。 　　适用简易程序审理公诉案件，人民检察院应当派员出席法庭。

《中华人民共和国刑事诉讼法》 （2012 年 3 月 14 日第二次修正） （阴影部分是 2018 年删去的内容）	《中华人民共和国刑事诉讼法》 （2018 年 10 月 26 日第三次修正） （黑体部分是 2018 年增加的内容）
第二百一十一条　适用简易程序审理案件，审判人员应当询问被告人对指控的犯罪事实的意见，告知被告人适用简易程序审理的法律规定，确认被告人是否同意适用简易程序审理。 　　（2012 年增加）	第二百一十七条　适用简易程序审理案件，审判人员应当询问被告人对指控的犯罪事实的意见，告知被告人适用简易程序审理的法律规定，确认被告人是否同意适用简易程序审理。
第二百一十二条　适用简易程序审理案件，经审判人员许可，被告人及其辩护人可以同公诉人、自诉人及其诉讼代理人互相辩论。 　　（1996 年增加，2012 年修改）	第二百一十八条　适用简易程序审理案件，经审判人员许可，被告人及其辩护人可以同公诉人、自诉人及其诉讼代理人互相辩论。
第二百一十三条　适用简易程序审理案件，不受本章第一节关于送达期限、讯问被告人、询问证人、鉴定人、出示证据、法庭辩论程序规定的限制。但在判决宣告前应当听取被告人的最后陈述意见。 　　（1996 年增加，2012 年修改）	第二百一十九条　适用简易程序审理案件，不受本章第一节关于送达期限、讯问被告人、询问证人、鉴定人、出示证据、法庭辩论程序规定的限制。但在判决宣告前应当听取被告人的最后陈述意见。
第二百一十四条　适用简易程序审理案件，人民法院应当在受理后二十日以内审结；对可能判处的有期徒刑超过三年的，可以延长至一个半月。 　　（1996 年增加，2012 年修改）	第二百二十条　适用简易程序审理案件，人民法院应当在受理后二十日以内审结；对可能判处的有期徒刑超过三年的，可以延长至一个半月。
第二百一十五条　人民法院在审理过程中，发现不宜适用简易程序的，应当按照本章第一节或者第二节的规定重新审理。 　　（1996 年增加）	第二百二十一条　人民法院在审理过程中，发现不宜适用简易程序的，应当按照本章第一节或者第二节的规定重新审理。

《中华人民共和国刑事诉讼法》 （2012 年 3 月 14 日第二次修正） （阴影部分是 2018 年删去的内容）	《中华人民共和国刑事诉讼法》 （2018 年 10 月 26 日第三次修正） （黑体部分是 2018 年增加的内容）
	第四节　速裁程序
	第二百二十二条　基层人民法院管辖的可能判处三年有期徒刑以下刑罚的案件，案件事实清楚，证据确实、充分，被告人认罪认罚并同意适用速裁程序的，可以适用速裁程序，由审判员一人独任审判。 **人民检察院在提起公诉的时候，可以建议人民法院适用速裁程序。** （2018 年增加）
	第二百二十三条　有下列情形之一的，不适用速裁程序： **（一）被告人是盲、聋、哑人，或者是尚未完全丧失辨认或者控制自己行为能力的精神病人的；** **（二）被告人是未成年人的；** **（三）案件有重大社会影响的；** **（四）共同犯罪案件中部分被告人对指控的犯罪事实、罪名、量刑建议或者适用速裁程序有异议的；** **（五）被告人与被害人或者其法定代理人没有就附带民事诉讼赔偿等事项达成调解或者和解协议的；** **（六）其他不宜适用速裁程序审理的。** （2018 年增加）
	第二百二十四条　适用速裁程序审理案件，不受本章第一节规定的送达期限的限制，一般不进行法庭调查、法庭辩论，但在判决宣告前应当听取辩护人的意见和被告人的最后陈述意见。 **适用速裁程序审理案件，应当当庭宣判。** （2018 年增加）

《中华人民共和国刑事诉讼法》 （2012年3月14日第二次修正） （阴影部分是2018年删去的内容）	《中华人民共和国刑事诉讼法》 （2018年10月26日第三次修正） （黑体部分是2018年增加的内容）
	第二百二十五条 适用速裁程序审理案件，人民法院应当在受理后十日以内审结；对可能判处的有期徒刑超过一年的，可以延长至十五日。 （2018年增加）
	第二百二十六条 人民法院在审理过程中，发现有被告人的行为不构成犯罪或者不应当追究其刑事责任、被告人违背意愿认罪认罚、被告人否认指控的犯罪事实或者其他不宜适用速裁程序审理的情形的，应当按照本章第一节或者第三节的规定重新审理。 （2018年增加）
第三章 第二审程序	第三章 第二审程序
第二百一十六条 被告人、自诉人和他们的法定代理人，不服地方各级人民法院第一审的判决、裁定，有权用书状或者口头向上一级人民法院上诉。被告人的辩护人和近亲属，经被告人同意，可以提出上诉。 附带民事诉讼的当事人和他们的法定代理人，可以对地方各级人民法院第一审的判决、裁定中的附带民事诉讼部分，提出上诉。 对被告人的上诉权，不得以任何借口加以剥夺。 （1979年规定，1996年修改）	**第二百二十七条** 被告人、自诉人和他们的法定代理人，不服地方各级人民法院第一审的判决、裁定，有权用书状或者口头向上一级人民法院上诉。被告人的辩护人和近亲属，经被告人同意，可以提出上诉。 附带民事诉讼的当事人和他们的法定代理人，可以对地方各级人民法院第一审的判决、裁定中的附带民事诉讼部分，提出上诉。 对被告人的上诉权，不得以任何借口加以剥夺。
第二百一十七条 地方各级人民检察院认为本级人民法院第一审的判决、裁定确有错误的时候，应当向上一级人民法院提出抗诉。 （1979年规定）	**第二百二十八条** 地方各级人民检察院认为本级人民法院第一审的判决、裁定确有错误的时候，应当向上一级人民法院提出抗诉。

《中华人民共和国刑事诉讼法》 （2012年3月14日第二次修正） （阴影部分是2018年删去的内容）	《中华人民共和国刑事诉讼法》 （2018年10月26日第三次修正） （黑体部分是2018年增加的内容）
第二百一十八条　被害人及其法定代理人不服地方各级人民法院第一审的判决的，自收到判决书后五日以内，有权请求人民检察院提出抗诉。人民检察院自收到被害人及其法定代理人的请求后五日以内，应当作出是否抗诉的决定并且答复请求人。 （1996年增加）	第二百二十九条　被害人及其法定代理人不服地方各级人民法院第一审的判决的，自收到判决书后五日以内，有权请求人民检察院提出抗诉。人民检察院自收到被害人及其法定代理人的请求后五日以内，应当作出是否抗诉的决定并且答复请求人。
第二百一十九条　不服判决的上诉和抗诉的期限为十日，不服裁定的上诉和抗诉的期限为五日，从接到判决书、裁定书的第二日起算。 （1979年规定）	第二百三十条　不服判决的上诉和抗诉的期限为十日，不服裁定的上诉和抗诉的期限为五日，从接到判决书、裁定书的第二日起算。
第二百二十条　被告人、自诉人、附带民事诉讼的原告人和被告人通过原审人民法院提出上诉的，原审人民法院应当在三日以内将上诉状连同案卷、证据移送上一级人民法院，同时将上诉状副本送交同级人民检察院和对方当事人。 　　被告人、自诉人、附带民事诉讼的原告人和被告人直接向第二审人民法院提出上诉的，第二审人民法院应当在三日以内将上诉状交原审人民法院送交同级人民检察院和对方当事人。 （1979年规定，1996年修改）	第二百三十一条　被告人、自诉人、附带民事诉讼的原告人和被告人通过原审人民法院提出上诉的，原审人民法院应当在三日以内将上诉状连同案卷、证据移送上一级人民法院，同时将上诉状副本送交同级人民检察院和对方当事人。 　　被告人、自诉人、附带民事诉讼的原告人和被告人直接向第二审人民法院提出上诉的，第二审人民法院应当在三日以内将上诉状交原审人民法院送交同级人民检察院和对方当事人。

《中华人民共和国刑事诉讼法》 （2012 年 3 月 14 日第二次修正） （阴影部分是 2018 年删去的内容）	《中华人民共和国刑事诉讼法》 （2018 年 10 月 26 日第三次修正） （黑体部分是 2018 年增加的内容）

第二百二十一条 地方各级人民检察院对同级人民法院第一审判决、裁定的抗诉，应当通过原审人民法院提出抗诉书，并且将抗诉书抄送上一级人民检察院。原审人民法院应当将抗诉书连同案卷、证据移送上一级人民法院，并且将抗诉书副本送交当事人。
  上级人民检察院如果认为抗诉不当，可以向同级人民法院撤回抗诉，并且通知下级人民检察院。
  （1979 年规定）
	第二百三十二条 地方各级人民检察院对同级人民法院第一审判决、裁定的抗诉，应当通过原审人民法院提出抗诉书，并且将抗诉书抄送上一级人民检察院。原审人民法院应当将抗诉书连同案卷、证据移送上一级人民法院，并且将抗诉书副本送交当事人。
	  上级人民检察院如果认为抗诉不当，可以向同级人民法院撤回抗诉，并且通知下级人民检察院。

第二百二十二条 第二审人民法院应当就第一审判决认定的事实和适用法律进行全面审查，不受上诉或者抗诉范围的限制。
  共同犯罪的案件只有部分被告人上诉的，应当对全案进行审查，一并处理。
  （1979 年规定）
	第二百三十三条 第二审人民法院应当就第一审判决认定的事实和适用法律进行全面审查，不受上诉或者抗诉范围的限制。
	  共同犯罪的案件只有部分被告人上诉的，应当对全案进行审查，一并处理。

《中华人民共和国刑事诉讼法》 （2012 年 3 月 14 日第二次修正） （阴影部分是 2018 年删去的内容）	《中华人民共和国刑事诉讼法》 （2018 年 10 月 26 日第三次修正） （黑体部分是 2018 年增加的内容）
第二百二十三条　第二审人民法院对于下列案件，应当组成合议庭，开庭审理： 　　（一）被告人、自诉人及其法定代理人对第一审认定的事实、证据提出异议，可能影响定罪量刑的上诉案件； 　　（二）被告人被判处死刑的上诉案件； 　　（三）人民检察院抗诉的案件； 　　（四）其他应当开庭审理的案件。 　　第二审人民法院决定不开庭审理的，应当讯问被告人，听取其他当事人、辩护人、诉讼代理人的意见。 　　第二审人民法院开庭审理上诉、抗诉案件，可以到案件发生地或者原审人民法院所在地进行。 　　（1996 年增加，2012 年修改）	**第二百三十四条**　第二审人民法院对于下列案件，应当组成合议庭，开庭审理： 　　（一）被告人、自诉人及其法定代理人对第一审认定的事实、证据提出异议，可能影响定罪量刑的上诉案件； 　　（二）被告人被判处死刑的上诉案件； 　　（三）人民检察院抗诉的案件； 　　（四）其他应当开庭审理的案件。 　　第二审人民法院决定不开庭审理的，应当讯问被告人，听取其他当事人、辩护人、诉讼代理人的意见。 　　第二审人民法院开庭审理上诉、抗诉案件，可以到案件发生地或者原审人民法院所在地进行。
第二百二十四条　人民检察院提出抗诉的案件或者第二审人民法院开庭审理的公诉案件，同级人民检察院都应当派员出席法庭。第二审人民法院应当在决定开庭审理后及时通知人民检察院查阅案卷。人民检察院应当在一个月以内查阅完毕。人民检察院查阅案卷的时间不计入审理期限。 　　（1979 年规定，1996 年和 2012 年修改）	**第二百三十五条**　人民检察院提出抗诉的案件或者第二审人民法院开庭审理的公诉案件，同级人民检察院都应当派员出席法庭。第二审人民法院应当在决定开庭审理后及时通知人民检察院查阅案卷。人民检察院应当在一个月以内查阅完毕。人民检察院查阅案卷的时间不计入审理期限。

《中华人民共和国刑事诉讼法》 （2012 年 3 月 14 日第二次修正） （阴影部分是 2018 年删去的内容）	《中华人民共和国刑事诉讼法》 （2018 年 10 月 26 日第三次修正） （黑体部分是 2018 年增加的内容）
第二百二十五条　第二审人民法院对不服第一审判决的上诉、抗诉案件，经过审理后，应当按照下列情形分别处理： 　　（一）原判决认定事实和适用法律正确、量刑适当的，应当裁定驳回上诉或者抗诉，维持原判； 　　（二）原判决认定事实没有错误，但适用法律有错误，或者量刑不当的，应当改判； 　　（三）原判决事实不清楚或者证据不足的，可以在查清事实后改判；也可以裁定撤销原判，发回原审人民法院重新审判。 　　原审人民法院对于依照前款第三项规定发回重新审判的案件作出判决后，被告人提出上诉或者人民检察院提出抗诉的，第二审人民法院应当依法作出判决或者裁定，不得再发回原审人民法院重新审判。 　　（1979 年规定，2012 年修改）	**第二百三十六条**　第二审人民法院对不服第一审判决的上诉、抗诉案件，经过审理后，应当按照下列情形分别处理： 　　（一）原判决认定事实和适用法律正确、量刑适当的，应当裁定驳回上诉或者抗诉，维持原判； 　　（二）原判决认定事实没有错误，但适用法律有错误，或者量刑不当的，应当改判； 　　（三）原判决事实不清楚或者证据不足的，可以在查清事实后改判；也可以裁定撤销原判，发回原审人民法院重新审判。 　　原审人民法院对于依照前款第三项规定发回重新审判的案件作出判决后，被告人提出上诉或者人民检察院提出抗诉的，第二审人民法院应当依法作出判决或者裁定，不得再发回原审人民法院重新审判。
第二百二十六条　第二审人民法院审理被告人或者他的法定代理人、辩护人、近亲属上诉的案件，不得加重被告人的刑罚。第二审人民法院发回原审人民法院重新审判的案件，除有新的犯罪事实，人民检察院补充起诉的以外，原审人民法院也不得加重被告人的刑罚。 　　人民检察院提出抗诉或者自诉人提出上诉的，不受前款规定的限制。 　　（1979 年规定，2012 年修改）	**第二百三十七条**　第二审人民法院审理被告人或者他的法定代理人、辩护人、近亲属上诉的案件，不得加重被告人的刑罚。第二审人民法院发回原审人民法院重新审判的案件，除有新的犯罪事实，人民检察院补充起诉的以外，原审人民法院也不得加重被告人的刑罚。 　　人民检察院提出抗诉或者自诉人提出上诉的，不受前款规定的限制。

《中华人民共和国刑事诉讼法》 （2012年3月14日第二次修正） （阴影部分是2018年删去的内容）	《中华人民共和国刑事诉讼法》 （2018年10月26日第三次修正） （黑体部分是2018年增加的内容）
第二百二十七条　第二审人民法院发现第一审人民法院的审理有下列违反法律规定的诉讼程序的情形之一的，应当裁定撤销原判，发回原审人民法院重新审判： 　　（一）违反本法有关公开审判的规定的； 　　（二）违反回避制度的； 　　（三）剥夺或者限制了当事人的法定诉讼权利，可能影响公正审判的； 　　（四）审判组织的组成不合法的； 　　（五）其他违反法律规定的诉讼程序，可能影响公正审判的。 　　（1979年规定，1996年修改）	**第二百三十八条**　第二审人民法院发现第一审人民法院的审理有下列违反法律规定的诉讼程序的情形之一的，应当裁定撤销原判，发回原审人民法院重新审判： 　　（一）违反本法有关公开审判的规定的； 　　（二）违反回避制度的； 　　（三）剥夺或者限制了当事人的法定诉讼权利，可能影响公正审判的； 　　（四）审判组织的组成不合法的； 　　（五）其他违反法律规定的诉讼程序，可能影响公正审判的。
第二百二十八条　原审人民法院对于发回重新审判的案件，应当另行组成合议庭，依照第一审程序进行审判。对于重新审判后的判决，依照本法第二百一十六条、第二百一十七条、第二百一十八条的规定可以上诉、抗诉。 　　（1979年规定，1996年修改）	**第二百三十九条**　原审人民法院对于发回重新审判的案件，应当另行组成合议庭，依照第一审程序进行审判。对于重新审判后的判决，依照本法第**二百二十七条、第二百二十八条、第二百二十九条**的规定可以上诉、抗诉。 　　（2018年调整）
第二百二十九条　第二审人民法院对不服第一审裁定的上诉或者抗诉，经过审查后，应当参照本法第二百二十五条、第二百二十七条和第二百二十八条的规定，分别情形用裁定驳回上诉、抗诉，或者撤销、变更原裁定。 　　（1979年规定）	**第二百四十条**　第二审人民法院对不服第一审裁定的上诉或者抗诉，经过审查后，应当参照本法第**二百三十六条、第二百三十八条和第二百三十九条**的规定，分别情形用裁定驳回上诉、抗诉，或者撤销、变更原裁定。 　　（2018年调整）
第二百三十条　第二审人民法院发回原审人民法院重新审判的案件，原审人民法院从收到发回的案件之日起，重新计算审理期限。 　　（1996年增加）	**第二百四十一条**　第二审人民法院发回原审人民法院重新审判的案件，原审人民法院从收到发回的案件之日起，重新计算审理期限。

《中华人民共和国刑事诉讼法》 （2012 年 3 月 14 日第二次修正） （阴影部分是 2018 年删去的内容）	《中华人民共和国刑事诉讼法》 （2018 年 10 月 26 日第三次修正） （黑体部分是 2018 年增加的内容）
第二百三十一条 第二审人民法院审判上诉或者抗诉案件的程序，除本章已有规定的以外，参照第一审程序的规定进行。 （1979 年规定）	**第二百四十二条** 第二审人民法院审判上诉或者抗诉案件的程序，除本章已有规定的以外，参照第一审程序的规定进行。
第二百三十二条 第二审人民法院受理上诉、抗诉案件，应当在二个月以内审结。对于可能判处死刑的案件或者附带民事诉讼的案件，以及有本法第一百五十六条规定情形之一的，经省、自治区、直辖市高级人民法院批准或者决定，可以延长二个月；因特殊情况还需要延长的，报请最高人民法院批准。 最高人民法院受理上诉、抗诉案件的审理期限，由最高人民法院决定。 （1979 年规定，1996 年和 2012 年修改）	**第二百四十三条** 第二审人民法院受理上诉、抗诉案件，应当在二个月以内审结。对于可能判处死刑的案件或者附带民事诉讼的案件，以及有本法第一百五十八条规定情形之一的，经省、自治区、直辖市高级人民法院批准或者决定，可以延长二个月；因特殊情况还需要延长的，报请最高人民法院批准。 最高人民法院受理上诉、抗诉案件的审理期限，由最高人民法院决定。 （2018 年调整）
第二百三十三条 第二审的判决、裁定和最高人民法院的判决、裁定，都是终审的判决、裁定。 （1979 年规定）	**第二百四十四条** 第二审的判决、裁定和最高人民法院的判决、裁定，都是终审的判决、裁定。

《中华人民共和国刑事诉讼法》 （2012年3月14日第二次修正） （阴影部分是2018年删去的内容）	《中华人民共和国刑事诉讼法》 （2018年10月26日第三次修正） （黑体部分是2018年增加的内容）
第二百三十四条　公安机关、人民检察院和人民法院对查封、扣押、冻结的犯罪嫌疑人、被告人的财物及其孳息，应当妥善保管，以供核查，并制作清单，随案移送。任何单位和个人不得挪用或者自行处理。对被害人的合法财产，应当及时返还。对违禁品或者不宜长期保存的物品，应当依照国家有关规定处理。 　　对作为证据使用的实物应当随案移送，对不宜移送的，应当将其清单、照片或者其他证明文件随案移送。 　　人民法院作出的判决，应当对查封、扣押、冻结的财物及其孳息作出处理。 　　人民法院作出的判决生效以后，有关机关应当根据判决对查封、扣押、冻结的财物及其孳息进行处理。对查封、扣押、冻结的赃款赃物及其孳息，除依法返还被害人的以外，一律上缴国库。 　　司法工作人员贪污、挪用或者私自处理查封、扣押、冻结的财物及其孳息的，依法追究刑事责任；不构成犯罪的，给予处分。 　　（1996年增加，2012年修改）	**第二百四十五条**　公安机关、人民检察院和人民法院对查封、扣押、冻结的犯罪嫌疑人、被告人的财物及其孳息，应当妥善保管，以供核查，并制作清单，随案移送。任何单位和个人不得挪用或者自行处理。对被害人的合法财产，应当及时返还。对违禁品或者不宜长期保存的物品，应当依照国家有关规定处理。 　　对作为证据使用的实物应当随案移送，对不宜移送的，应当将其清单、照片或者其他证明文件随案移送。 　　人民法院作出的判决，应当对查封、扣押、冻结的财物及其孳息作出处理。 　　人民法院作出的判决生效以后，有关机关应当根据判决对查封、扣押、冻结的财物及其孳息进行处理。对查封、扣押、冻结的赃款赃物及其孳息，除依法返还被害人的以外，一律上缴国库。 　　司法工作人员贪污、挪用或者私自处理查封、扣押、冻结的财物及其孳息的，依法追究刑事责任；不构成犯罪的，给予处分。
第四章　死刑复核程序	**第四章　死刑复核程序**
第二百三十五条　死刑由最高人民法院核准。 　　（1979年规定）	**第二百四十六条**　死刑由最高人民法院核准。

《中华人民共和国刑事诉讼法》 （2012 年 3 月 14 日第二次修正） （阴影部分是 2018 年删去的内容）	《中华人民共和国刑事诉讼法》 （2018 年 10 月 26 日第三次修正） （黑体部分是 2018 年增加的内容）
第二百三十六条 中级人民法院判处死刑的第一审案件，被告人不上诉的，应当由高级人民法院复核后，报请最高人民法院核准。高级人民法院不同意判处死刑的，可以提审或者发回重新审判。 高级人民法院判处死刑的第一审案件被告人不上诉的，和判处死刑的第二审案件，都应当报请最高人民法院核准。 （1979 年规定）	**第二百四十七条** 中级人民法院判处死刑的第一审案件，被告人不上诉的，应当由高级人民法院复核后，报请最高人民法院核准。高级人民法院不同意判处死刑的，可以提审或者发回重新审判。 高级人民法院判处死刑的第一审案件被告人不上诉的，和判处死刑的第二审案件，都应当报请最高人民法院核准。
第二百三十七条 中级人民法院判处死刑缓期二年执行的案件，由高级人民法院核准。 （1979 年规定）	**第二百四十八条** 中级人民法院判处死刑缓期二年执行的案件，由高级人民法院核准。
第二百三十八条 最高人民法院复核死刑案件，高级人民法院复核死刑缓期执行的案件，应当由审判员三人组成合议庭进行。 （1979 年规定）	**第二百四十九条** 最高人民法院复核死刑案件，高级人民法院复核死刑缓期执行的案件，应当由审判员三人组成合议庭进行。
第二百三十九条 最高人民法院复核死刑案件，应当作出核准或者不核准死刑的裁定。对于不核准死刑的，最高人民法院可以发回重新审判或者予以改判。 （2012 年增加）	**第二百五十条** 最高人民法院复核死刑案件，应当作出核准或者不核准死刑的裁定。对于不核准死刑的，最高人民法院可以发回重新审判或者予以改判。
第二百四十条 最高人民法院复核死刑案件，应当讯问被告人，辩护律师提出要求的，应当听取辩护律师的意见。 在复核死刑案件过程中，最高人民检察院可以向最高人民法院提出意见。最高人民法院应当将死刑复核结果通报最高人民检察院。 （2012 年增加）	**第二百五十一条** 最高人民法院复核死刑案件，应当讯问被告人，辩护律师提出要求的，应当听取辩护律师的意见。 在复核死刑案件过程中，最高人民检察院可以向最高人民法院提出意见。最高人民法院应当将死刑复核结果通报最高人民检察院。

《中华人民共和国刑事诉讼法》 （2012 年 3 月 14 日第二次修正） （阴影部分是 2018 年删去的内容）	《中华人民共和国刑事诉讼法》 （2018 年 10 月 26 日第三次修正） （黑体部分是 2018 年增加的内容）
第五章　审判监督程序	第五章　审判监督程序
第二百四十一条　当事人及其法定代理人、近亲属，对已经发生法律效力的判决、裁定，可以向人民法院或者人民检察院提出申诉，但是不能停止判决、裁定的执行。 　　（1979 年规定，1996 年修改）	第二百五十二条　当事人及其法定代理人、近亲属，对已经发生法律效力的判决、裁定，可以向人民法院或者人民检察院提出申诉，但是不能停止判决、裁定的执行。
第二百四十二条　当事人及其法定代理人、近亲属的申诉符合下列情形之一的，人民法院应当重新审判： 　　（一）有新的证据证明原判决、裁定认定的事实确有错误，可能影响定罪量刑的； 　　（二）据以定罪量刑的证据不确实、不充分、依法应当予以排除，或者证明案件事实的主要证据之间存在矛盾的； 　　（三）原判决、裁定适用法律确有错误的； 　　（四）违反法律规定的诉讼程序，可能影响公正审判的； 　　（五）审判人员在审理该案件的时候，有贪污受贿，徇私舞弊，枉法裁判行为的。 　　（1996 年增加，2012 年修改）	第二百五十三条　当事人及其法定代理人、近亲属的申诉符合下列情形之一的，人民法院应当重新审判： 　　（一）有新的证据证明原判决、裁定认定的事实确有错误，可能影响定罪量刑的； 　　（二）据以定罪量刑的证据不确实、不充分、依法应当予以排除，或者证明案件事实的主要证据之间存在矛盾的； 　　（三）原判决、裁定适用法律确有错误的； 　　（四）违反法律规定的诉讼程序，可能影响公正审判的； 　　（五）审判人员在审理该案件的时候，有贪污受贿，徇私舞弊，枉法裁判行为的。

《中华人民共和国刑事诉讼法》 （2012年3月14日第二次修正） （阴影部分是2018年删去的内容）	《中华人民共和国刑事诉讼法》 （2018年10月26日第三次修正） （黑体部分是2018年增加的内容）
第二百四十三条 各级人民法院院长对本院已经发生法律效力的判决和裁定，如果发现在认定事实上或者在适用法律上确有错误，必须提交审判委员会处理。 最高人民法院对各级人民法院已经发生法律效力的判决和裁定，上级人民法院对下级人民法院已经发生法律效力的判决和裁定，如果发现确有错误，有权提审或者指令下级人民法院再审。 最高人民检察院对各级人民法院已经发生法律效力的判决和裁定，上级人民检察院对下级人民法院已经发生法律效力的判决和裁定，如果发现确有错误，有权按照审判监督程序向同级人民法院提出抗诉。 人民检察院抗诉的案件，接受抗诉的人民法院应当组成合议庭重新审理，对于原判决事实不清楚或者证据不足的，可以指令下级人民法院再审。 （1979年规定，1996年修改）	**第二百五十四条** 各级人民法院院长对本院已经发生法律效力的判决和裁定，如果发现在认定事实上或者在适用法律上确有错误，必须提交审判委员会处理。 最高人民法院对各级人民法院已经发生法律效力的判决和裁定，上级人民法院对下级人民法院已经发生法律效力的判决和裁定，如果发现确有错误，有权提审或者指令下级人民法院再审。 最高人民检察院对各级人民法院已经发生法律效力的判决和裁定，上级人民检察院对下级人民法院已经发生法律效力的判决和裁定，如果发现确有错误，有权按照审判监督程序向同级人民法院提出抗诉。 人民检察院抗诉的案件，接受抗诉的人民法院应当组成合议庭重新审理，对于原判决事实不清楚或者证据不足的，可以指令下级人民法院再审。
第二百四十四条 上级人民法院指令下级人民法院再审的，应当指令原审人民法院以外的下级人民法院审理；由原审人民法院审理更为适宜的，也可以指令原审人民法院审理。 （2012年增加）	**第二百五十五条** 上级人民法院指令下级人民法院再审的，应当指令原审人民法院以外的下级人民法院审理；由原审人民法院审理更为适宜的，也可以指令原审人民法院审理。

《中华人民共和国刑事诉讼法》 （2012 年 3 月 14 日第二次修正） （阴影部分是 2018 年删去的内容）	《中华人民共和国刑事诉讼法》 （2018 年 10 月 26 日第三次修正） （黑体部分是 2018 年增加的内容）
第二百四十五条 人民法院按照审判监督程序重新审判的案件，由原审人民法院审理的，应当另行组成合议庭进行。如果原来是第一审案件，应当依照第一审程序进行审判，所作的判决、裁定，可以上诉、抗诉；如果原来是第二审案件，或者是上级人民法院提审的案件，应当依照第二审程序进行审判，所作的判决、裁定，是终审的判决、裁定。 　　人民法院开庭审理的再审案件，同级人民检察院应当派员出席法庭。 （1979 年规定，2012 年修改）	**第二百五十六条** 人民法院按照审判监督程序重新审判的案件，由原审人民法院审理的，应当另行组成合议庭进行。如果原来是第一审案件，应当依照第一审程序进行审判，所作的判决、裁定，可以上诉、抗诉；如果原来是第二审案件，或者是上级人民法院提审的案件，应当依照第二审程序进行审判，所作的判决、裁定，是终审的判决、裁定。 　　人民法院开庭审理的再审案件，同级人民检察院应当派员出席法庭。
第二百四十六条 人民法院决定再审的案件，需要对被告人采取强制措施的，由人民法院依法决定；人民检察院提出抗诉的再审案件，需要对被告人采取强制措施的，由人民检察院依法决定。 　　人民法院按照审判监督程序审判的案件，可以决定中止原判决、裁定的执行。 （2012 年增加）	**第二百五十七条** 人民法院决定再审的案件，需要对被告人采取强制措施的，由人民法院依法决定；人民检察院提出抗诉的再审案件，需要对被告人采取强制措施的，由人民检察院依法决定。 　　人民法院按照审判监督程序审判的案件，可以决定中止原判决、裁定的执行。
第二百四十七条 人民法院按照审判监督程序重新审判的案件，应当在作出提审、再审决定之日起三个月以内审结，需要延长期限的，不得超过六个月。 　　接受抗诉的人民法院按照审判监督程序审判抗诉的案件，审理期限适用前款规定；对需要指令下级人民法院再审的，应当自接受抗诉之日起一个月以内作出决定，下级人民法院审理案件的期限适用前款规定。 （1996 年增加）	**第二百五十八条** 人民法院按照审判监督程序重新审判的案件，应当在作出提审、再审决定之日起三个月以内审结，需要延长期限的，不得超过六个月。 　　接受抗诉的人民法院按照审判监督程序审判抗诉的案件，审理期限适用前款规定；对需要指令下级人民法院再审的，应当自接受抗诉之日起一个月以内作出决定，下级人民法院审理案件的期限适用前款规定。

《中华人民共和国刑事诉讼法》 （2012年3月14日第二次修正） （阴影部分是2018年删去的内容）	《中华人民共和国刑事诉讼法》 （2018年10月26日第三次修正） （黑体部分是2018年增加的内容）
第四编 执 行	**第四编 执 行**
第二百四十八条 判决和裁定在发生法律效力后执行。 下列判决和裁定是发生法律效力的判决和裁定： （一）已过法定期限没有上诉、抗诉的判决和裁定； （二）终审的判决和裁定； （三）最高人民法院核准的死刑的判决和高级人民法院核准的死刑缓期二年执行的判决。 （1979年规定）	**第二百五十九条** 判决和裁定在发生法律效力后执行。 下列判决和裁定是发生法律效力的判决和裁定： （一）已过法定期限没有上诉、抗诉的判决和裁定； （二）终审的判决和裁定； （三）最高人民法院核准的死刑的判决和高级人民法院核准的死刑缓期二年执行的判决。
第二百四十九条 第一审人民法院判决被告人无罪、免除刑事处罚的，如果被告人在押，在宣判后应当立即释放。 （1979年规定）	**第二百六十条** 第一审人民法院判决被告人无罪、免除刑事处罚的，如果被告人在押，在宣判后应当立即释放。
第二百五十条 最高人民法院判处和核准的死刑立即执行的判决，应当由最高人民法院院长签发执行死刑的命令。 被判处死刑缓期二年执行的罪犯，在死刑缓期执行期间，如果没有故意犯罪，死刑缓期执行期满，应当予以减刑，由执行机关提出书面意见，报请高级人民法院裁定；如果故意犯罪，查证属实，应当执行死刑，由高级人民法院报请最高人民法院核准。 （1979年规定，1996年修改）	**第二百六十一条** 最高人民法院判处和核准的死刑立即执行的判决，应当由最高人民法院院长签发执行死刑的命令。 被判处死刑缓期二年执行的罪犯，在死刑缓期执行期间，如果没有故意犯罪，死刑缓期执行期满，应当予以减刑**的**，由执行机关提出书面意见，报请高级人民法院裁定；如果故意犯罪，**情节恶劣**，查证属实，应当执行死刑**的**，由高级人民法院报请最高人民法院核准；**对于故意犯罪未执行死刑的，死刑缓期执行的期间重新计算，并报最高人民法院备案。** （2018年修改）

《中华人民共和国刑事诉讼法》 （2012 年 3 月 14 日第二次修正） （阴影部分是 2018 年删去的内容）	《中华人民共和国刑事诉讼法》 （2018 年 10 月 26 日第三次修正） （黑体部分是 2018 年增加的内容）
第二百五十一条　下级人民法院接到最高人民法院执行死刑的命令后，应当在七日以内交付执行。但是发现有下列情形之一的，应当停止执行，并且立即报告最高人民法院，由最高人民法院作出裁定： 　　（一）在执行前发现判决可能有错误的； 　　（二）在执行前罪犯揭发重大犯罪事实或者有其他重大立功表现，可能需要改判的； 　　（三）罪犯正在怀孕。 　　前款第一项、第二项停止执行的原因消失后，必须报请最高人民法院院长再签发执行死刑的命令才能执行；由于前款第三项原因停止执行的，应当报请最高人民法院依法改判。 　　（1979 年规定，1996 年修改）	第二百六十二条　下级人民法院接到最高人民法院执行死刑的命令后，应当在七日以内交付执行。但是发现有下列情形之一的，应当停止执行，并且立即报告最高人民法院，由最高人民法院作出裁定： 　　（一）在执行前发现判决可能有错误的； 　　（二）在执行前罪犯揭发重大犯罪事实或者有其他重大立功表现，可能需要改判的； 　　（三）罪犯正在怀孕。 　　前款第一项、第二项停止执行的原因消失后，必须报请最高人民法院院长再签发执行死刑的命令才能执行；由于前款第三项原因停止执行的，应当报请最高人民法院依法改判。

《中华人民共和国刑事诉讼法》 （2012 年 3 月 14 日第二次修正） （阴影部分是 2018 年删去的内容）	《中华人民共和国刑事诉讼法》 （2018 年 10 月 26 日第三次修正） （黑体部分是 2018 年增加的内容）
第二百五十二条　人民法院在交付执行死刑前，应当通知同级人民检察院派员临场监督。 　　死刑采用枪决或者注射等方法执行。 　　死刑可以在刑场或者指定的羁押场所内执行。 　　指挥执行的审判人员，对罪犯应当验明正身，讯问有无遗言、信札，然后交付执行人员执行死刑。在执行前，如果发现可能有错误，应当暂停执行，报请最高人民法院裁定。 　　执行死刑应当公布，不应示众。 　　执行死刑后，在场书记员应当写成笔录。交付执行的人民法院应当将执行死刑情况报告最高人民法院。 　　执行死刑后，交付执行的人民法院应当通知罪犯家属。 　　（1979 年规定，1996 年修改）	第二百六十三条　人民法院在交付执行死刑前，应当通知同级人民检察院派员临场监督。 　　死刑采用枪决或者注射等方法执行。 　　死刑可以在刑场或者指定的羁押场所内执行。 　　指挥执行的审判人员，对罪犯应当验明正身，讯问有无遗言、信札，然后交付执行人员执行死刑。在执行前，如果发现可能有错误，应当暂停执行，报请最高人民法院裁定。 　　执行死刑应当公布，不应示众。 　　执行死刑后，在场书记员应当写成笔录。交付执行的人民法院应当将执行死刑情况报告最高人民法院。 　　执行死刑后，交付执行的人民法院应当通知罪犯家属。

《中华人民共和国刑事诉讼法》 （2012 年 3 月 14 日第二次修正） （阴影部分是 2018 年删去的内容）	《中华人民共和国刑事诉讼法》 （2018 年 10 月 26 日第三次修正） （黑体部分是 2018 年增加的内容）
第二百五十三条 罪犯被交付执行刑罚的时候，应当由交付执行的人民法院在判决生效后十日以内将有关的法律文书送达公安机关、监狱或者其他执行机关。 对被判处死刑缓期二年执行、无期徒刑、有期徒刑的罪犯，由公安机关依法将该罪犯送交监狱执行刑罚。对被判处有期徒刑的罪犯，在被交付执行刑罚前，剩余刑期在三个月以下的，由看守所代为执行。对被判处拘役的罪犯，由公安机关执行。 对未成年犯应当在未成年犯管教所执行刑罚。 执行机关应当将罪犯及时收押，并且通知罪犯家属。 判处有期徒刑、拘役的罪犯，执行期满，应当由执行机关发给释放证明书。 （1979 年规定，1996 年和 2012 年修改）	**第二百六十四条** 罪犯被交付执行刑罚的时候，应当由交付执行的人民法院在判决生效后十日以内将有关的法律文书送达公安机关、监狱或者其他执行机关。 对被判处死刑缓期二年执行、无期徒刑、有期徒刑的罪犯，由公安机关依法将该罪犯送交监狱执行刑罚。对被判处有期徒刑的罪犯，在被交付执行刑罚前，剩余刑期在三个月以下的，由看守所代为执行。对被判处拘役的罪犯，由公安机关执行。 对未成年犯应当在未成年犯管教所执行刑罚。 执行机关应当将罪犯及时收押，并且通知罪犯家属。 判处有期徒刑、拘役的罪犯，执行期满，应当由执行机关发给释放证明书。

《中华人民共和国刑事诉讼法》 （2012年3月14日第二次修正） （阴影部分是2018年删去的内容）	《中华人民共和国刑事诉讼法》 （2018年10月26日第三次修正） （黑体部分是2018年增加的内容）
第二百五十四条 对被判处有期徒刑或者拘役的罪犯，有下列情形之一的，可以暂予监外执行： （一）有严重疾病需要保外就医的； （二）怀孕或者正在哺乳自己婴儿的妇女； （三）生活不能自理，适用暂予监外执行不致危害社会的。 对被判处无期徒刑的罪犯，有前款第二项规定情形的，可以暂予监外执行。 对适用保外就医可能有社会危险性的罪犯，或者自伤自残的罪犯，不得保外就医。 对罪犯确有严重疾病，必须保外就医的，由省级人民政府指定的医院诊断并开具证明文件。 在交付执行前，暂予监外执行由交付执行的人民法院决定；在交付执行后，暂予监外执行由监狱或者看守所提出书面意见，报省级以上监狱管理机关或者设区的市一级以上公安机关批准。 （1979年规定，1996年和2012年修改）	第二百六十五条 对被判处有期徒刑或者拘役的罪犯，有下列情形之一的，可以暂予监外执行： （一）有严重疾病需要保外就医的； （二）怀孕或者正在哺乳自己婴儿的妇女； （三）生活不能自理，适用暂予监外执行不致危害社会的。 对被判处无期徒刑的罪犯，有前款第二项规定情形的，可以暂予监外执行。 对适用保外就医可能有社会危险性的罪犯，或者自伤自残的罪犯，不得保外就医。 对罪犯确有严重疾病，必须保外就医的，由省级人民政府指定的医院诊断并开具证明文件。 在交付执行前，暂予监外执行由交付执行的人民法院决定；在交付执行后，暂予监外执行由监狱或者看守所提出书面意见，报省级以上监狱管理机关或者设区的市一级以上公安机关批准。
第二百五十五条 监狱、看守所提出暂予监外执行的书面意见的，应当将书面意见的副本抄送人民检察院。人民检察院可以向决定或者批准机关提出书面意见。 （2012年增加）	第二百六十六条 监狱、看守所提出暂予监外执行的书面意见的，应当将书面意见的副本抄送人民检察院。人民检察院可以向决定或者批准机关提出书面意见。

《中华人民共和国刑事诉讼法》 （2012 年 3 月 14 日第二次修正） （阴影部分是 2018 年删去的内容）	《中华人民共和国刑事诉讼法》 （2018 年 10 月 26 日第三次修正） （黑体部分是 2018 年增加的内容）
第二百五十六条 决定或者批准暂予监外执行的机关应当将暂予监外执行决定抄送人民检察院。人民检察院认为暂予监外执行不当的，应当自接到通知之日起一个月以内将书面意见送交决定或者批准暂予监外执行的机关，决定或者批准暂予监外执行的机关接到人民检察院的书面意见后，应当立即对该决定进行重新核查。 （1996 年增加，2012 年修改）	**第二百六十七条** 决定或者批准暂予监外执行的机关应当将暂予监外执行决定抄送人民检察院。人民检察院认为暂予监外执行不当的，应当自接到通知之日起一个月以内将书面意见送交决定或者批准暂予监外执行的机关，决定或者批准暂予监外执行的机关接到人民检察院的书面意见后，应当立即对该决定进行重新核查。
第二百五十七条 对暂予监外执行的罪犯，有下列情形之一的，应当及时收监： （一）发现不符合暂予监外执行条件的； （二）严重违反有关暂予监外执行监督管理规定的； （三）暂予监外执行的情形消失后，罪犯刑期未满的。 对于人民法院决定暂予监外执行的罪犯应当予以收监的，由人民法院作出决定，将有关的法律文书送达公安机关、监狱或者其他执行机关。 不符合暂予监外执行条件的罪犯通过贿赂等非法手段被暂予监外执行的，在监外执行的期间不计入执行刑期。罪犯在暂予监外执行期间脱逃的，脱逃的期间不计入执行刑期。 罪犯在暂予监外执行期间死亡的，执行机关应当及时通知监狱或者看守所。 （1996 年增加，2012 年修改）	**第二百六十八条** 对暂予监外执行的罪犯，有下列情形之一的，应当及时收监： （一）发现不符合暂予监外执行条件的； （二）严重违反有关暂予监外执行监督管理规定的； （三）暂予监外执行的情形消失后，罪犯刑期未满的。 对于人民法院决定暂予监外执行的罪犯应当予以收监的，由人民法院作出决定，将有关的法律文书送达公安机关、监狱或者其他执行机关。 不符合暂予监外执行条件的罪犯通过贿赂等非法手段被暂予监外执行的，在监外执行的期间不计入执行刑期。罪犯在暂予监外执行期间脱逃的，脱逃的期间不计入执行刑期。 罪犯在暂予监外执行期间死亡的，执行机关应当及时通知监狱或者看守所。

《中华人民共和国刑事诉讼法》 （2012年3月14日第二次修正） （阴影部分是2018年删去的内容）	《中华人民共和国刑事诉讼法》 （2018年10月26日第三次修正） （黑体部分是2018年增加的内容）
第二百五十八条 对被判处管制、宣告缓刑、假释或者暂予监外执行的罪犯，依法实行社区矫正，由社区矫正机构负责执行。 （1979年规定，2012年修改）	**第二百六十九条** 对被判处管制、宣告缓刑、假释或者暂予监外执行的罪犯，依法实行社区矫正，由社区矫正机构负责执行。
第二百五十九条 对被判处剥夺政治权利的罪犯，由公安机关执行。执行期满，应当由执行机关书面通知本人及其所在单位、居住地基层组织。 （1979年规定，2012年修改）	**第二百七十条** 对被判处剥夺政治权利的罪犯，由公安机关执行。执行期满，应当由执行机关书面通知本人及其所在单位、居住地基层组织。
第二百六十条 被判处罚金的罪犯，期满不缴纳的，人民法院应当强制缴纳；如果由于遭遇不能抗拒的灾祸缴纳确实有困难的，可以裁定减少或者免除。 （1979年规定）	**第二百七十一条** 被判处罚金的罪犯，期满不缴纳的，人民法院应当强制缴纳；如果由于遭遇不能抗拒的灾祸**等原因**缴纳确实有困难的，**经人民法院裁定**，可以**延期缴纳、酌情**减少或者免除。 （2018年修改）
第二百六十一条 没收财产的判决，无论附加适用或者独立适用，都由人民法院执行；在必要的时候，可以会同公安机关执行。 （1979年规定）	**第二百七十二条** 没收财产的判决，无论附加适用或者独立适用，都由人民法院执行；在必要的时候，可以会同公安机关执行。
第二百六十二条 罪犯在服刑期间又犯罪的，或者发现了判决的时候所没有发现的罪行，由执行机关移送人民检察院处理。 　　被判处管制、拘役、有期徒刑或者无期徒刑的罪犯，在执行期间确有悔改或者立功表现，应当依法予以减刑、假释的时候，由执行机关提出建议书，报请人民法院审核裁定，并将建议书副本抄送人民检察院。人民检察院可以向人民法院提出书面意见。 （1979年规定，1996年和2012年修改）	**第二百七十三条** 罪犯在服刑期间又犯罪的，或者发现了判决的时候所没有发现的罪行，由执行机关移送人民检察院处理。 　　被判处管制、拘役、有期徒刑或者无期徒刑的罪犯，在执行期间确有悔改或者立功表现，应当依法予以减刑、假释的时候，由执行机关提出建议书，报请人民法院审核裁定，并将建议书副本抄送人民检察院。人民检察院可以向人民法院提出书面意见。

《中华人民共和国刑事诉讼法》 （2012年3月14日第二次修正） （阴影部分是2018年删去的内容）	《中华人民共和国刑事诉讼法》 （2018年10月26日第三次修正） （黑体部分是2018年增加的内容）
第二百六十三条　人民检察院认为人民法院减刑、假释的裁定不当，应当在收到裁定书副本后二十日以内，向人民法院提出书面纠正意见。人民法院应当在收到纠正意见后一个月以内重新组成合议庭进行审理，作出最终裁定。 （1996年增加）	第二百七十四条　人民检察院认为人民法院减刑、假释的裁定不当，应当在收到裁定书副本后二十日以内，向人民法院提出书面纠正意见。人民法院应当在收到纠正意见后一个月以内重新组成合议庭进行审理，作出最终裁定。
第二百六十四条　监狱和其他执行机关在刑罚执行中，如果认为判决有错误或者罪犯提出申诉，应当转请人民检察院或者原判人民法院处理。 （1979年规定，1996年修改）	第二百七十五条　监狱和其他执行机关在刑罚执行中，如果认为判决有错误或者罪犯提出申诉，应当转请人民检察院或者原判人民法院处理。
第二百六十五条　人民检察院对执行机关执行刑罚的活动是否合法实行监督。如果发现有违法的情况，应当通知执行机关纠正。 （1979年规定，1996年修改）	第二百七十六条　人民检察院对执行机关执行刑罚的活动是否合法实行监督。如果发现有违法的情况，应当通知执行机关纠正。
第五编　特别程序	第五编　特别程序
第一章　未成年人刑事案件诉讼程序	第一章　未成年人刑事案件诉讼程序
第二百六十六条　对犯罪的未成年人实行教育、感化、挽救的方针，坚持教育为主、惩罚为辅的原则。 　　人民法院、人民检察院和公安机关办理未成年人刑事案件，应当保障未成年人行使其诉讼权利，保障未成年人得到法律帮助，并由熟悉未成年人身心特点的审判人员、检察人员、侦查人员承办。 （2012年增加）	第二百七十七条　对犯罪的未成年人实行教育、感化、挽救的方针，坚持教育为主、惩罚为辅的原则。 　　人民法院、人民检察院和公安机关办理未成年人刑事案件，应当保障未成年人行使其诉讼权利，保障未成年人得到法律帮助，并由熟悉未成年人身心特点的审判人员、检察人员、侦查人员承办。

《中华人民共和国刑事诉讼法》 （2012年3月14日第二次修正） （阴影部分是2018年删去的内容）	《中华人民共和国刑事诉讼法》 （2018年10月26日第三次修正） （黑体部分是2018年增加的内容）
第二百六十七条　未成年犯罪嫌疑人、被告人没有委托辩护人的，人民法院、人民检察院、公安机关应当通知法律援助机构指派律师为其提供辩护。 （1979年规定，2012年修改） （2012年修改刑事诉讼法时将1996年刑事诉讼法第三十四条第二款有关内容移至本条）	第二百七十八条　未成年犯罪嫌疑人、被告人没有委托辩护人的，人民法院、人民检察院、公安机关应当通知法律援助机构指派律师为其提供辩护。
第二百六十八条　公安机关、人民检察院、人民法院办理未成年人刑事案件，根据情况可以对未成年犯罪嫌疑人、被告人的成长经历、犯罪原因、监护教育等情况进行调查。 （2012年增加）	第二百七十九条　公安机关、人民检察院、人民法院办理未成年人刑事案件，根据情况可以对未成年犯罪嫌疑人、被告人的成长经历、犯罪原因、监护教育等情况进行调查。
第二百六十九条　对未成年犯罪嫌疑人、被告人应当严格限制适用逮捕措施。人民检察院审查批准逮捕和人民法院决定逮捕，应当讯问未成年犯罪嫌疑人、被告人，听取辩护律师的意见。 　　对被拘留、逮捕和执行刑罚的未成年人与成年人应当分别关押、分别管理、分别教育。 （2012年增加）	第二百八十条　对未成年犯罪嫌疑人、被告人应当严格限制适用逮捕措施。人民检察院审查批准逮捕和人民法院决定逮捕，应当讯问未成年犯罪嫌疑人、被告人，听取辩护律师的意见。 　　对被拘留、逮捕和执行刑罚的未成年人与成年人应当分别关押、分别管理、分别教育。

《中华人民共和国刑事诉讼法》 （2012 年 3 月 14 日第二次修正） （阴影部分是 2018 年删去的内容）	《中华人民共和国刑事诉讼法》 （2018 年 10 月 26 日第三次修正） （黑体部分是 2018 年增加的内容）
第二百七十条 对于未成年人刑事案件，在讯问和审判的时候，应当通知未成年犯罪嫌疑人、被告人的法定代理人到场。无法通知、法定代理人不能到场或者法定代理人是共犯的，也可以通知未成年犯罪嫌疑人、被告人的其他成年亲属，所在学校、单位、居住地基层组织或者未成年人保护组织的代表到场，并将有关情况记录在案。到场的法定代理人可以代为行使未成年犯罪嫌疑人、被告人的诉讼权利。 到场的法定代理人或者其他人员认为办案人员在讯问、审判中侵犯未成年人合法权益的，可以提出意见。讯问笔录、法庭笔录应当交给到场的法定代理人或者其他人员阅读或者向他宣读。 讯问女性未成年犯罪嫌疑人，应当有女工作人员在场。 审判未成年人刑事案件，未成年被告人最后陈述后，其法定代理人可以进行补充陈述。 询问未成年被害人、证人，适用第一款、第二款、第三款的规定。 （1979 年规定，2012 年修改） （2012 年修改刑事诉讼法时将 1996 年刑事诉讼法第十四条第二款、第九十八条第二款有关内容移至本条第一款、第五款）	**第二百八十一条** 对于未成年人刑事案件，在讯问和审判的时候，应当通知未成年犯罪嫌疑人、被告人的法定代理人到场。无法通知、法定代理人不能到场或者法定代理人是共犯的，也可以通知未成年犯罪嫌疑人、被告人的其他成年亲属，所在学校、单位、居住地基层组织或者未成年人保护组织的代表到场，并将有关情况记录在案。到场的法定代理人可以代为行使未成年犯罪嫌疑人、被告人的诉讼权利。 到场的法定代理人或者其他人员认为办案人员在讯问、审判中侵犯未成年人合法权益的，可以提出意见。讯问笔录、法庭笔录应当交给到场的法定代理人或者其他人员阅读或者向他宣读。 讯问女性未成年犯罪嫌疑人，应当有女工作人员在场。 审判未成年人刑事案件，未成年被告人最后陈述后，其法定代理人可以进行补充陈述。 询问未成年被害人、证人，适用第一款、第二款、第三款的规定。

《中华人民共和国刑事诉讼法》 （2012 年 3 月 14 日第二次修正） （阴影部分是 2018 年删去的内容）	《中华人民共和国刑事诉讼法》 （2018 年 10 月 26 日第三次修正） （黑体部分是 2018 年增加的内容）
第二百七十一条　对于未成年人涉嫌刑法分则第四章、第五章、第六章规定的犯罪，可能判处一年有期徒刑以下刑罚，符合起诉条件，但有悔罪表现的，人民检察院可以作出附条件不起诉的决定。人民检察院在作出附条件不起诉的决定以前，应当听取公安机关、被害人的意见。 　　对附条件不起诉的决定，公安机关要求复议、提请复核或者被害人申诉的，适用本法第一百七十五条、第一百七十六条的规定。 　　未成年犯罪嫌疑人及其法定代理人对人民检察院决定附条件不起诉有异议的，人民检察院应当作出起诉的决定。 　　（2012 年增加）	**第二百八十二条**　对于未成年人涉嫌刑法分则第四章、第五章、第六章规定的犯罪，可能判处一年有期徒刑以下刑罚，符合起诉条件，但有悔罪表现的，人民检察院可以作出附条件不起诉的决定。人民检察院在作出附条件不起诉的决定以前，应当听取公安机关、被害人的意见。 　　对附条件不起诉的决定，公安机关要求复议、提请复核或者被害人申诉的，适用本法**第一百七十九条、第一百八十条**的规定。 　　未成年犯罪嫌疑人及其法定代理人对人民检察院决定附条件不起诉有异议的，人民检察院应当作出起诉的决定。 　　（2018 年调整）
第二百七十二条　在附条件不起诉的考验期内，由人民检察院对被附条件不起诉的未成年犯罪嫌疑人进行监督考察。未成年犯罪嫌疑人的监护人，应当对未成年犯罪嫌疑人加强管教，配合人民检察院做好监督考察工作。 　　附条件不起诉的考验期为六个月以上一年以下，从人民检察院作出附条件不起诉的决定之日起计算。 　　被附条件不起诉的未成年犯罪嫌疑人，应当遵守下列规定： 　　（一）遵守法律法规，服从监督； 　　（二）按照考察机关的规定报告自己的活动情况； 　　（三）离开所居住的市、县或者迁居，应当报经考察机关批准； 　　（四）按照考察机关的要求接受矫治和教育。 　　（2012 年增加）	**第二百八十三条**　在附条件不起诉的考验期内，由人民检察院对被附条件不起诉的未成年犯罪嫌疑人进行监督考察。未成年犯罪嫌疑人的监护人，应当对未成年犯罪嫌疑人加强管教，配合人民检察院做好监督考察工作。 　　附条件不起诉的考验期为六个月以上一年以下，从人民检察院作出附条件不起诉的决定之日起计算。 　　被附条件不起诉的未成年犯罪嫌疑人，应当遵守下列规定： 　　（一）遵守法律法规，服从监督； 　　（二）按照考察机关的规定报告自己的活动情况； 　　（三）离开所居住的市、县或者迁居，应当报经考察机关批准； 　　（四）按照考察机关的要求接受矫治和教育。

《中华人民共和国刑事诉讼法》 （2012年3月14日第二次修正） （阴影部分是2018年删去的内容）	《中华人民共和国刑事诉讼法》 （2018年10月26日第三次修正） （黑体部分是2018年增加的内容）
第二百七十三条 被附条件不起诉的未成年犯罪嫌疑人，在考验期内有下列情形之一的，人民检察院应当撤销附条件不起诉的决定，提起公诉： （一）实施新的犯罪或者发现决定附条件不起诉以前还有其他犯罪需要追诉的； （二）违反治安管理规定或者考察机关有关附条件不起诉的监督管理规定，情节严重的。 被附条件不起诉的未成年犯罪嫌疑人，在考验期内没有上述情形，考验期满的，人民检察院应当作出不起诉的决定。 （2012年增加）	**第二百八十四条** 被附条件不起诉的未成年犯罪嫌疑人，在考验期内有下列情形之一的，人民检察院应当撤销附条件不起诉的决定，提起公诉： （一）实施新的犯罪或者发现决定附条件不起诉以前还有其他犯罪需要追诉的； （二）违反治安管理规定或者考察机关有关附条件不起诉的监督管理规定，情节严重的。 被附条件不起诉的未成年犯罪嫌疑人，在考验期内没有上述情形，考验期满的，人民检察院应当作出不起诉的决定。
第二百七十四条 审判的时候被告人不满十八周岁的案件，不公开审理。但是，经未成年被告人及其法定代理人同意，未成年被告人所在学校和未成年人保护组织可以派代表到场。 （1979年规定，2012年修改） （2012年修改刑事诉讼法时将1996年刑事诉讼法第一百五十二条第二款有关内容移至本条）	**第二百八十五条** 审判的时候被告人不满十八周岁的案件，不公开审理。但是，经未成年被告人及其法定代理人同意，未成年被告人所在学校和未成年人保护组织可以派代表到场。
第二百七十五条 犯罪的时候不满十八周岁，被判处五年有期徒刑以下刑罚的，应当对相关犯罪记录予以封存。 犯罪记录被封存的，不得向任何单位和个人提供，但司法机关为办案需要或者有关单位根据国家规定进行查询的除外。依法进行查询的单位，应当对被封存的犯罪记录的情况予以保密。 （2012年增加）	**第二百八十六条** 犯罪的时候不满十八周岁，被判处五年有期徒刑以下刑罚的，应当对相关犯罪记录予以封存。 犯罪记录被封存的，不得向任何单位和个人提供，但司法机关为办案需要或者有关单位根据国家规定进行查询的除外。依法进行查询的单位，应当对被封存的犯罪记录的情况予以保密。

《中华人民共和国刑事诉讼法》 （2012 年 3 月 14 日第二次修正） （阴影部分是 2018 年删去的内容）	《中华人民共和国刑事诉讼法》 （2018 年 10 月 26 日第三次修正） （黑体部分是 2018 年增加的内容）
第二百七十六条　办理未成年人刑事案件，除本章已有规定的以外，按照本法的其他规定进行。 （2012 年增加）	**第二百八十七条**　办理未成年人刑事案件，除本章已有规定的以外，按照本法的其他规定进行。
第二章　当事人和解的 公诉案件诉讼程序	**第二章　当事人和解的 公诉案件诉讼程序**
第二百七十七条　下列公诉案件，犯罪嫌疑人、被告人真诚悔罪，通过向被害人赔偿损失、赔礼道歉等方式获得被害人谅解，被害人自愿和解的，双方当事人可以和解： 　（一）因民间纠纷引起，涉嫌刑法分则第四章、第五章规定的犯罪案件，可能判处三年有期徒刑以下刑罚的； 　（二）除渎职犯罪以外的可能判处七年有期徒刑以下刑罚的过失犯罪案件。 　犯罪嫌疑人、被告人在五年以内曾经故意犯罪的，不适用本章规定的程序。 （2012 年增加）	**第二百八十八条**　下列公诉案件，犯罪嫌疑人、被告人真诚悔罪，通过向被害人赔偿损失、赔礼道歉等方式获得被害人谅解，被害人自愿和解的，双方当事人可以和解： 　（一）因民间纠纷引起，涉嫌刑法分则第四章、第五章规定的犯罪案件，可能判处三年有期徒刑以下刑罚的； 　（二）除渎职犯罪以外的可能判处七年有期徒刑以下刑罚的过失犯罪案件。 　犯罪嫌疑人、被告人在五年以内曾经故意犯罪的，不适用本章规定的程序。
第二百七十八条　双方当事人和解的，公安机关、人民检察院、人民法院应当听取当事人和其他有关人员的意见，对和解的自愿性、合法性进行审查，并主持制作和解协议书。 （2012 年增加）	**第二百八十九条**　双方当事人和解的，公安机关、人民检察院、人民法院应当听取当事人和其他有关人员的意见，对和解的自愿性、合法性进行审查，并主持制作和解协议书。
第二百七十九条　对于达成和解协议的案件，公安机关可以向人民检察院提出从宽处理的建议。人民检察院可以向人民法院提出从宽处罚的建议；对于犯罪情节轻微，不需要判处刑罚的，可以作出不起诉的决定。人民法院可以依法对被告人从宽处罚。 （2012 年增加）	**第二百九十条**　对于达成和解协议的案件，公安机关可以向人民检察院提出从宽处理的建议。人民检察院可以向人民法院提出从宽处罚的建议；对于犯罪情节轻微，不需要判处刑罚的，可以作出不起诉的决定。人民法院可以依法对被告人从宽处罚。

《中华人民共和国刑事诉讼法》 （2012 年 3 月 14 日第二次修正） （阴影部分是 2018 年删去的内容）	《中华人民共和国刑事诉讼法》 （2018 年 10 月 26 日第三次修正） （黑体部分是 2018 年增加的内容）
	第三章　缺席审判程序
	第二百九十一条　对于贪污贿赂犯罪案件，以及需要及时进行审判，经最高人民检察院核准的严重危害国家安全犯罪、恐怖活动犯罪案件，犯罪嫌疑人、被告人在境外，监察机关、公安机关移送起诉，人民检察院认为犯罪事实已经查清，证据确实、充分，依法应当追究刑事责任的，可以向人民法院提起公诉。人民法院进行审查后，对于起诉书中有明确的指控犯罪事实，符合缺席审判程序适用条件的，应当决定开庭审判。 前款案件，由犯罪地、被告人离境前居住地或者最高人民法院指定的中级人民法院组成合议庭进行审理。 （2018 年增加）
	第二百九十二条　人民法院应当通过有关国际条约规定的或者外交途径提出的司法协助方式，或者被告人所在地法律允许的其他方式，将传票和人民检察院的起诉书副本送达被告人。传票和起诉书副本送达后，被告人未按要求到案的，人民法院应当开庭审理，依法作出判决，并对违法所得及其他涉案财产作出处理。 （2018 年增加）
	第二百九十三条　人民法院缺席审判案件，被告人有权委托辩护人，被告人的近亲属可以代为委托辩护人。被告人及其近亲属没有委托辩护人的，人民法院应当通知法律援助机构指派律师为其提供辩护。 （2018 年增加）

《中华人民共和国刑事诉讼法》 (2012年3月14日第二次修正) (阴影部分是2018年删去的内容)	《中华人民共和国刑事诉讼法》 (2018年10月26日第三次修正) (黑体部分是2018年增加的内容)
	第二百九十四条 人民法院应当将判决书送达被告人及其近亲属、辩护人。被告人或者其近亲属不服判决的,有权向上一级人民法院上诉。辩护人经被告人或者其近亲属同意,可以提出上诉。 人民检察院认为人民法院的判决确有错误的,应当向上一级人民法院提出抗诉。 (2018年增加)
	第二百九十五条 在审理过程中,被告人自动投案或者被抓获的,人民法院应当重新审理。 罪犯在判决、裁定发生法律效力后到案的,人民法院应当将罪犯交付执行刑罚。交付执行刑罚前,人民法院应当告知罪犯有权对判决、裁定提出异议。罪犯对判决、裁定提出异议的,人民法院应当重新审理。 依照生效判决、裁定对罪犯的财产进行的处理确有错误的,应当予以返还、赔偿。 (2018年增加)
	第二百九十六条 因被告人患有严重疾病无法出庭,中止审理超过六个月,被告人仍无法出庭,被告人及其法定代理人、近亲属申请或者同意恢复审理的,人民法院可以在被告人不出庭的情况下缺席审理,依法作出判决。 (2018年增加)

《中华人民共和国刑事诉讼法》 （2012 年 3 月 14 日第二次修正） （阴影部分是 2018 年删去的内容）	《中华人民共和国刑事诉讼法》 （2018 年 10 月 26 日第三次修正） （黑体部分是 2018 年增加的内容）
	第二百九十七条　被告人死亡的，人民法院应当裁定终止审理；但有证据证明被告人无罪，人民法院经缺席审理确认无罪的，应当依法作出判决。 **人民法院按照审判监督程序重新审判的案件，被告人死亡的，人民法院可以缺席审理，依法作出判决。** （2018 年增加）
第三章　犯罪嫌疑人、被告人逃匿、死亡案件违法所得的没收程序	**第四章　犯罪嫌疑人、被告人逃匿、死亡案件违法所得的没收程序**
第二百八十条　对于贪污贿赂犯罪、恐怖活动犯罪等重大犯罪案件，犯罪嫌疑人、被告人逃匿，在通缉一年后不能到案，或者犯罪嫌疑人、被告人死亡，依照刑法规定应当追缴其违法所得及其他涉案财产的，人民检察院可以向人民法院提出没收违法所得的申请。 公安机关认为有前款规定情形的，应当写出没收违法所得意见书，移送人民检察院。 没收违法所得的申请应当提供与犯罪事实、违法所得相关的证据材料，并列明财产的种类、数量、所在地及查封、扣押、冻结的情况。 人民法院在必要的时候，可以查封、扣押、冻结申请没收的财产。 （2012 年增加）	第二百九十八条　对于贪污贿赂犯罪、恐怖活动犯罪等重大犯罪案件，犯罪嫌疑人、被告人逃匿，在通缉一年后不能到案，或者犯罪嫌疑人、被告人死亡，依照刑法规定应当追缴其违法所得及其他涉案财产的，人民检察院可以向人民法院提出没收违法所得的申请。 公安机关认为有前款规定情形的，应当写出没收违法所得意见书，移送人民检察院。 没收违法所得的申请应当提供与犯罪事实、违法所得相关的证据材料，并列明财产的种类、数量、所在地及查封、扣押、冻结的情况。 人民法院在必要的时候，可以查封、扣押、冻结申请没收的财产。

《中华人民共和国刑事诉讼法》 （2012 年 3 月 14 日第二次修正） （阴影部分是 2018 年删去的内容）	《中华人民共和国刑事诉讼法》 （2018 年 10 月 26 日第三次修正） （黑体部分是 2018 年增加的内容）
第二百八十一条　没收违法所得的申请，由犯罪地或者犯罪嫌疑人、被告人居住地的中级人民法院组成合议庭进行审理。 　　人民法院受理没收违法所得的申请后，应当发出公告。公告期间为六个月。犯罪嫌疑人、被告人的近亲属和其他利害关系人有权申请参加诉讼，也可以委托诉讼代理人参加诉讼。 　　人民法院在公告期满后对没收违法所得的申请进行审理。利害关系人参加诉讼的，人民法院应当开庭审理。 　　（2012 年增加）	**第二百九十九条**　没收违法所得的申请，由犯罪地或者犯罪嫌疑人、被告人居住地的中级人民法院组成合议庭进行审理。 　　人民法院受理没收违法所得的申请后，应当发出公告。公告期间为六个月。犯罪嫌疑人、被告人的近亲属和其他利害关系人有权申请参加诉讼，也可以委托诉讼代理人参加诉讼。 　　人民法院在公告期满后对没收违法所得的申请进行审理。利害关系人参加诉讼的，人民法院应当开庭审理。
第二百八十二条　人民法院经审理，对经查证属于违法所得及其他涉案财产，除依法返还被害人的以外，应当裁定予以没收；对不属于应当追缴的财产的，应当裁定驳回申请，解除查封、扣押、冻结措施。 　　对于人民法院依照前款规定作出的裁定，犯罪嫌疑人、被告人的近亲属和其他利害关系人或者人民检察院可以提出上诉、抗诉。 　　（2012 年增加）	**第三百条**　人民法院经审理，对经查证属于违法所得及其他涉案财产，除依法返还被害人的以外，应当裁定予以没收；对不属于应当追缴的财产的，应当裁定驳回申请，解除查封、扣押、冻结措施。 　　对于人民法院依照前款规定作出的裁定，犯罪嫌疑人、被告人的近亲属和其他利害关系人或者人民检察院可以提出上诉、抗诉。
第二百八十三条　在审理过程中，在逃的犯罪嫌疑人、被告人自动投案或者被抓获的，人民法院应当终止审理。 　　没收犯罪嫌疑人、被告人财产确有错误的，应当予以返还、赔偿。 　　（2012 年增加）	**第三百零一条**　在审理过程中，在逃的犯罪嫌疑人、被告人自动投案或者被抓获的，人民法院应当终止审理。 　　没收犯罪嫌疑人、被告人财产确有错误的，应当予以返还、赔偿。

《中华人民共和国刑事诉讼法》 （2012年3月14日第二次修正） （阴影部分是2018年删去的内容）	《中华人民共和国刑事诉讼法》 （2018年10月26日第三次修正） （黑体部分是2018年增加的内容）
第四章　依法不负刑事责任的精神病人的强制医疗程序	**第五章　依法不负刑事责任的精神病人的强制医疗程序**
第二百八十四条　实施暴力行为，危害公共安全或者严重危害公民人身安全，经法定程序鉴定依法不负刑事责任的精神病人，有继续危害社会可能的，可以予以强制医疗。 （2012年增加）	**第三百零二条**　实施暴力行为，危害公共安全或者严重危害公民人身安全，经法定程序鉴定依法不负刑事责任的精神病人，有继续危害社会可能的，可以予以强制医疗。
第二百八十五条　根据本章规定对精神病人强制医疗的，由人民法院决定。 　　公安机关发现精神病人符合强制医疗条件的，应当写出强制医疗意见书，移送人民检察院。对于公安机关移送的或者在审查起诉过程中发现的精神病人符合强制医疗条件的，人民检察院应当向人民法院提出强制医疗的申请。人民法院在审理案件过程中发现被告人符合强制医疗条件的，可以作出强制医疗的决定。 　　对实施暴力行为的精神病人，在人民法院决定强制医疗前，公安机关可以采取临时的保护性约束措施。 （2012年增加）	**第三百零三条**　根据本章规定对精神病人强制医疗的，由人民法院决定。 　　公安机关发现精神病人符合强制医疗条件的，应当写出强制医疗意见书，移送人民检察院。对于公安机关移送的或者在审查起诉过程中发现的精神病人符合强制医疗条件的，人民检察院应当向人民法院提出强制医疗的申请。人民法院在审理案件过程中发现被告人符合强制医疗条件的，可以作出强制医疗的决定。 　　对实施暴力行为的精神病人，在人民法院决定强制医疗前，公安机关可以采取临时的保护性约束措施。
第二百八十六条　人民法院受理强制医疗的申请后，应当组成合议庭进行审理。 　　人民法院审理强制医疗案件，应当通知被申请人或者被告人的法定代理人到场。被申请人或者被告人没有委托诉讼代理人的，人民法院应当通知法律援助机构指派律师为其提供法律帮助。 （2012年增加）	**第三百零四条**　人民法院受理强制医疗的申请后，应当组成合议庭进行审理。 　　人民法院审理强制医疗案件，应当通知被申请人或者被告人的法定代理人到场。被申请人或者被告人没有委托诉讼代理人的，人民法院应当通知法律援助机构指派律师为其提供法律帮助。

《中华人民共和国刑事诉讼法》 （2012 年 3 月 14 日第二次修正） （阴影部分是 2018 年删去的内容）	《中华人民共和国刑事诉讼法》 （2018 年 10 月 26 日第三次修正） （黑体部分是 2018 年增加的内容）
第二百八十七条　人民法院经审理，对于被申请人或者被告人符合强制医疗条件的，应当在一个月以内作出强制医疗的决定。 　　被决定强制医疗的人、被害人及其法定代理人、近亲属对强制医疗决定不服的，可以向上一级人民法院申请复议。 　　（2012 年增加）	第三百零五条　人民法院经审理，对于被申请人或者被告人符合强制医疗条件的，应当在一个月以内作出强制医疗的决定。 　　被决定强制医疗的人、被害人及其法定代理人、近亲属对强制医疗决定不服的，可以向上一级人民法院申请复议。
第二百八十八条　强制医疗机构应当定期对被强制医疗的人进行诊断评估。对于已不具有人身危险性，不需要继续强制医疗的，应当及时提出解除意见，报决定强制医疗的人民法院批准。 　　被强制医疗的人及其近亲属有权申请解除强制医疗。 　　（2012 年增加）	第三百零六条　强制医疗机构应当定期对被强制医疗的人进行诊断评估。对于已不具有人身危险性，不需要继续强制医疗的，应当及时提出解除意见，报决定强制医疗的人民法院批准。 　　被强制医疗的人及其近亲属有权申请解除强制医疗。
第二百八十九条　人民检察院对强制医疗的决定和执行实行监督。 　　（2012 年增加）	第三百零七条　人民检察院对强制医疗的决定和执行实行监督。
附　　则	附　　则
第二百九十条　军队保卫部门对军队内部发生的刑事案件行使侦查权。 　　对罪犯在监狱内犯罪的案件由监狱进行侦查。 　　军队保卫部门、监狱办理刑事案件，适用本法的有关规定。 　　（1996 年增加）	第三百零八条　军队保卫部门对军队内部发生的刑事案件行使侦查权。 　　**中国海警局履行海上维权执法职责，对海上发生的刑事案件行使侦查权。** 　　对罪犯在监狱内犯罪的案件由监狱进行侦查。 　　军队保卫部门、**中国海警局**、监狱办理刑事案件，适用本法的有关规定。 　　（2018 年修改）

全国人民代表大会常务委员会
关于修改《中华人民共和国
刑事诉讼法》的决定

（2018 年 10 月 26 日第十三届全国人民代表大会
常务委员会第六次会议通过）

  第十三届全国人民代表大会常务委员会第六次会议决定对《中华人民共和国刑事诉讼法》作如下修改：

  一、增加一条，作为第十五条："犯罪嫌疑人、被告人自愿如实供述自己的罪行，承认指控的犯罪事实，愿意接受处罚的，可以依法从宽处理。"

  二、将第十八条改为第十九条，第二款修改为："人民检察院在对诉讼活动实行法律监督中发现的司法工作人员利用职权实施的非法拘禁、刑讯逼供、非法搜查等侵犯公民权利、损害司法公正的犯罪，可以由人民检察院立案侦查。对于公安机关管辖的国家机关工作人员利用职权实施的重大犯罪案件，需要由人民检察院直接受理的时候，经省级以上人民检察院决定，可以由人民检察院立案侦查。"

  三、将第三十二条改为第三十三条，增加一款，作为第三款："被开除公职和被吊销律师、公证员执业证书的人，不得担任辩护人，但系犯罪嫌疑人、被告人的监护人、近亲属的除外。"

  四、增加一条，作为第三十六条："法律援助机构可以在人民法院、看守所等场所派驻值班律师。犯罪嫌疑人、被告人没有委托辩护人，法律援助机构没有指派律师为其提供辩护的，由值班律师为犯罪嫌疑人、被告人提供法律咨询、程序选择建议、申请变更强制措施、对案件处理提出意见等法律帮助。

  "人民法院、人民检察院、看守所应当告知犯罪嫌疑人、被告人有权约见值班律师，并为犯罪嫌疑人、被告人约见值班律师提供便利。"

五、将第三十七条改为第三十九条，第三款修改为："危害国家安全犯罪、恐怖活动犯罪案件，在侦查期间辩护律师会见在押的犯罪嫌疑人，应当经侦查机关许可。上述案件，侦查机关应当事先通知看守所。"

六、将第七十三条改为第七十五条，第一款修改为："监视居住应当在犯罪嫌疑人、被告人的住处执行；无固定住处的，可以在指定的居所执行。对于涉嫌危害国家安全犯罪、恐怖活动犯罪，在住处执行可能有碍侦查的，经上一级公安机关批准，也可以在指定的居所执行。但是，不得在羁押场所、专门的办案场所执行。"

七、将第七十九条改为第八十一条，增加一款，作为第二款："批准或者决定逮捕，应当将犯罪嫌疑人、被告人涉嫌犯罪的性质、情节、认罪认罚等情况，作为是否可能发生社会危险性的考虑因素。"

八、将第一百零六条改为第一百零八条，第一项修改为："（一）'侦查'是指公安机关、人民检察院对于刑事案件，依照法律进行的收集证据、查明案情的工作和有关的强制性措施"。

九、将第一百一十八条改为第一百二十条，第二款修改为："侦查人员在讯问犯罪嫌疑人的时候，应当告知犯罪嫌疑人享有的诉讼权利，如实供述自己罪行可以从宽处理和认罪认罚的法律规定。"

十、将第一百四十八条改为第一百五十条，第二款修改为："人民检察院在立案后，对于利用职权实施的严重侵犯公民人身权利的重大犯罪案件，根据侦查犯罪的需要，经过严格的批准手续，可以采取技术侦查措施，按照规定交有关机关执行。"

十一、将第一百六十条改为第一百六十二条，增加一款，作为第二款："犯罪嫌疑人自愿认罪的，应当记录在案，随案移送，并在起诉意见书中写明有关情况。"

十二、增加一条，作为第一百七十条："人民检察院对于监察机关移送起诉的案件，依照本法和监察法的有关规定进行审查。人民检察院经审查，认为需要补充核实的，应当退回监察机关补充调查，必要时可以自行补充侦查。

"对于监察机关移送起诉的已采取留置措施的案件，人民检察院应当对犯罪嫌疑人先行拘留，留置措施自动解除。人民检察院应当在拘留后的十日以内作出是否逮捕、取保候审或者监视居住的决定。在特殊情况下，决定的时间可以延长一日至四日。人民检察院决定采取强制措施的期间不计入审查起诉期限。"

十三、将第一百六十九条改为第一百七十二条，第一款修改为："人民检察院对于监察机关、公安机关移送起诉的案件，应当在一个月以内作出决定，重大、复杂的案件，可以延长十五日；犯罪嫌疑人认罪认罚，符合速裁程序适用条件的，应当在十日以内作出决定，对可能判处的有期徒刑超过一年的，可以延长至十五日。"

十四、将第一百七十条改为第一百七十三条，修改为："人民检察院审查案件，应当讯问犯罪嫌疑人，听取辩护人或者值班律师、被害人及其诉讼代理人的意见，并记录在案。辩护人或者值班律师、被害人及其诉讼代理人提出书面意见的，应当附卷。

"犯罪嫌疑人认罪认罚的，人民检察院应当告知其享有的诉讼权利和认罪认罚的法律规定，听取犯罪嫌疑人、辩护人或者值班律师、被害人及其诉讼代理人对下列事项的意见，并记录在案：

"（一）涉嫌的犯罪事实、罪名及适用的法律规定；

"（二）从轻、减轻或者免除处罚等从宽处罚的建议；

"（三）认罪认罚后案件审理适用的程序；

"（四）其他需要听取意见的事项。

"人民检察院依照前两款规定听取值班律师意见的，应当提前为值班律师了解案件有关情况提供必要的便利。"

十五、增加一条，作为第一百七十四条："犯罪嫌疑人自愿认罪，同意量刑建议和程序适用的，应当在辩护人或者值班律师在场的情况下签署认罪认罚具结书。

"犯罪嫌疑人认罪认罚，有下列情形之一的，不需要签署认罪认罚具结书：

"（一）犯罪嫌疑人是盲、聋、哑人，或者是尚未完全丧失辨认或者控制自己行为能力的精神病人的；

"（二）未成年犯罪嫌疑人的法定代理人、辩护人对未成年人认罪认罚有异议的；

"（三）其他不需要签署认罪认罚具结书的情形。"

十六、将第一百七十二条改为第一百七十六条，增加一款，作为第二款："犯罪嫌疑人认罪认罚的，人民检察院应当就主刑、附加刑、是否适用缓刑等提出量刑建议，并随案移送认罪认罚具结书等材料。"

十七、将第一百七十三条改为第一百七十七条，第三款修改为："人民检察院决定不起诉的案件，应当同时对侦查中查封、扣押、冻结的财物解除查封、扣押、冻结。对被不起诉人需要给予行政处罚、处分或者需要没收其违法所得的，人民检察院应当提出检察意见，移送有关主管机关处理。有关主管机关应当将处理结果及时通知人民检察院。"

十八、第二编第三章增加一条，作为第一百八十二条："犯罪嫌疑人自愿如实供述涉嫌犯罪的事实，有重大立功或者案件涉及国家重大利益的，经最高人民检察院核准，公安机关可以撤销案件，人民检察院可以作出不起诉决定，也可以对涉嫌数罪中的一项或者多项不起诉。

"根据前款规定不起诉或者撤销案件的，人民检察院、公安机关应当及时对查封、扣押、冻结的财物及其孳息作出处理。"

十九、将第一百七十八条改为第一百八十三条，修改为："基层人民法院、中级人民法院审判第一审案件，应当由审判员三人或者由审判员和人民陪审员共三人或者七人组成合议庭进行，但是基层人民法院适用简易程序、速裁程序的案件可以由审判员一人独任审判。

"高级人民法院审判第一审案件，应当由审判员三人至七人或者由审判员和人民陪审员共三人或者七人组成合议庭进行。

"最高人民法院审判第一审案件，应当由审判员三人至七人组成合议庭进行。

"人民法院审判上诉和抗诉案件，由审判员三人或者五人组成合议庭进行。

"合议庭的成员人数应当是单数。"

二十、将第一百八十五条改为第一百九十条，增加一款，作为第二款："被告人认罪认罚的，审判长应当告知被告人享有的诉讼权利和认罪认罚的法律规定，审查认罪认罚的自愿性和认罪认罚具结书内容的真实性、合法性。"

二十一、增加一条，作为第二百零一条："对于认罪认罚案件，人民法院依法作出判决时，一般应当采纳人民检察院指控的罪名和量刑建议，但有下列情形的除外：

"（一）被告人的行为不构成犯罪或者不应当追究其刑事责任的；

"（二）被告人违背意愿认罪认罚的；

"（三）被告人否认指控的犯罪事实的；

"（四）起诉指控的罪名与审理认定的罪名不一致的；

"（五）其他可能影响公正审判的情形。

"人民法院经审理认为量刑建议明显不当，或者被告人、辩护人对量刑建议提出异议的，人民检察院可以调整量刑建议。人民检察院不调整量刑建议或者调整量刑建议后仍然明显不当的，人民法院应当依法作出判决。"

二十二、第三编第二章增加一节，作为第四节：

"第四节　速裁程序

"第二百二十二条　基层人民法院管辖的可能判处三年有期徒刑以下刑罚的案件，案件事实清楚，证据确实、充分，被告人认罪认罚并同意适用速裁程序的，可以适用速裁程序，由审判员一人独任审判。

"人民检察院在提起公诉的时候，可以建议人民法院适用速裁程序。

"第二百二十三条　有下列情形之一的，不适用速裁程序：

"（一）被告人是盲、聋、哑人，或者是尚未完全丧失辨认或者控制自己行为能力的精神病人的；

"（二）被告人是未成年人的；

"（三）案件有重大社会影响的；

"（四）共同犯罪案件中部分被告人对指控的犯罪事实、罪名、量刑建议或者适用速裁程序有异议的；

"（五）被告人与被害人或者其法定代理人没有就附带民事诉讼赔偿等事项达成调解或者和解协议的；

"（六）其他不宜适用速裁程序审理的。

"第二百二十四条　适用速裁程序审理案件，不受本章第一节规定的送达期限的限制，一般不进行法庭调查、法庭辩论，但在判决宣告前应当听取辩护人的意见和被告人的最后陈述意见。

"适用速裁程序审理案件，应当当庭宣判。

"第二百二十五条　适用速裁程序审理案件，人民法院应当在受理后十日以内审结；对可能判处的有期徒刑超过一年的，可以延长至十五日。

"第二百二十六条　人民法院在审理过程中，发现有被告人的行为不构成犯罪或者不应当追究其刑事责任、被告人违背意愿认罪认罚、被告人否认指控的犯罪事实或者其他不宜适用速裁程序审理的情形的，应当按照本章第一节或者第三节的规定重新审理。"

二十三、将第二百五十条改为第二百六十一条，第二款修改为："被判处死刑缓期二年执行的罪犯，在死刑缓期执行期间，如果没有故意犯罪，死刑缓期执行期满，应当予以减刑的，由执行机关提出书面意见，报请高级人民法院裁定；如果故意犯罪，情节恶劣，查证属实，应当执行死刑的，由高级人民法院报请最高人民法院核准；对于故意犯罪未执行死刑的，死刑缓期执行的期间重新计算，并报最高人民法院备案。"

二十四、将第二百六十条改为第二百七十一条，修改为："被判处罚金的罪犯，期满不缴纳的，人民法院应当强制缴纳；如果由于遭遇不能抗拒的灾祸等原因缴纳确实有困难的，经人民法院裁定，可以延期缴纳、酌情减少或者免除。"

二十五、第五编增加一章，作为第三章：

"第三章　缺席审判程序

"第二百九十一条　对于贪污贿赂犯罪案件，以及需要及时进行审判，经最高人民检察院核准的严重危害国家安全犯罪、恐怖活动犯罪案件，犯罪嫌疑人、被告人在境外，监察机关、公安机关移送起诉，人民检察院认为犯罪事实已经查清，证据确实、充分，依法应当追究刑事责任的，可以向人民法院提起公诉。人民法院进行审查后，对于起诉书中有明确的指控犯罪事实，符合缺席审判程序适用条件的，应当决定开庭审判。

"前款案件，由犯罪地、被告人离境前居住地或者最高人民法院指定的中级人民法院组成合议庭进行审理。

"第二百九十二条　人民法院应当通过有关国际条约规定的或者外交途径提出的司法协助方式，或者被告人所在地法律允许的其他方式，将传票和人民检察院的起诉书副本送达被告人。传票和起诉书副本送达后，被告人未按要求到案的，人民法院应当开庭审理，依法作出判决，并对违法所得及其他涉案财产作出处理。

"第二百九十三条　人民法院缺席审判案件，被告人有权委托辩护人，被告人的近亲属可以代为委托辩护人。被告人及其近亲属没有委托辩护人的，人民法院应当通知法律援助机构指派律师为其提供辩护。

"第二百九十四条　人民法院应当将判决书送达被告人及其近亲属、辩护人。被告人或者其近亲属不服判决的，有权向上一级人民法院上诉。辩护人经被告人或者其近亲属同意，可以提出上诉。

"人民检察院认为人民法院的判决确有错误的，应当向上一级人民法院提出抗诉。

"第二百九十五条　在审理过程中，被告人自动投案或者被抓获的，人民法院应当重新审理。

"罪犯在判决、裁定发生法律效力后到案的，人民法院应当将罪犯交付执行刑罚。交付执行刑罚前，人民法院应当告知罪犯有权对判决、裁定提出异议。罪犯对判决、裁定提出异议的，人民法院应当重新审理。

"依照生效判决、裁定对罪犯的财产进行的处理确有错误的，应当予以返还、赔偿。

"第二百九十六条　因被告人患有严重疾病无法出庭，中止审理超过六个月，被告人仍无法出庭，被告人及其法定代理人、近亲属申请或者同意恢复审理的，人民法院可以在被告人不出庭的情况下缺席审理，依法作出判决。

"第二百九十七条　被告人死亡的，人民法院应当裁定终止审理，但有证据证明被告人无罪，人民法院经缺席审理确认无罪的，应当依法作出判决。

"人民法院按照审判监督程序重新审判的案件，被告人死亡的，人民法院可以缺席审理，依法作出判决。"

二十六、将第二百九十条改为第三百零八条，修改为："军队保卫部门对军队内部发生的刑事案件行使侦查权。

"中国海警局履行海上维权执法职责，对海上发生的刑事案件行使侦查权。

"对罪犯在监狱内犯罪的案件由监狱进行侦查。

"军队保卫部门、中国海警局、监狱办理刑事案件，适用本法的有关规定。"

刑事诉讼法的有关章节及条文序号，根据本决定作相应调整。

本决定自公布之日起施行。

《中华人民共和国刑事诉讼法》根据本决定作相应修改，重新公布。

中华人民共和国刑事诉讼法

(1979 年 7 月 1 日第五届全国人民代表大会第二次会议通过 根据 1996 年 3 月 17 日第八届全国人民代表大会第四次会议《关于修改〈中华人民共和国刑事诉讼法〉的决定》第一次修正 根据 2012 年 3 月 14 日第十一届全国人民代表大会第五次会议《关于修改〈中华人民共和国刑事诉讼法〉的决定》第二次修正 根据 2018 年 10 月 26 日第十三届全国人民代表大会常务委员会第六次会议《关于修改〈中华人民共和国刑事诉讼法〉的决定》第三次修正)

目　　录

第一编 总 则

第一章 任务和基本原则

第一条 为了保证刑法的正确实施，惩罚犯罪，保护人民，保障国家安全和社会公共安全，维护社会主义社会秩序，根据宪法，制定本法。

第二条 中华人民共和国刑事诉讼法的任务，是保证准确、及时地查明犯罪事实，正确应用法律，惩罚犯罪分子，保障无罪的人不受刑事追究，教育公民自觉遵守法律，积极同犯罪行为作斗争，维护社会主义法制，尊重和保障人权，保护公民的人身权利、财产权利、民主权利和其他权利，保障社会主义建设事业的顺利进行。

第三条 对刑事案件的侦查、拘留、执行逮捕、预审，由公安机关负责。检察、批准逮捕、检察机关直接受理的案件的侦查、提起公诉，由人民检察院负责。审判由人民法院负责。除法律特别规定的以外，其他任何机关、团体和个人都无权行使这些权力。

人民法院、人民检察院和公安机关进行刑事诉讼，必须严格遵守本法和其他法律的有关规定。

第四条 国家安全机关依照法律规定，办理危害国家安全的刑事案件，行使与公安机关相同的职权。

第五条 人民法院依照法律规定独立行使审判权，人民检察院依照法律规定独立行使检察权，不受行政机关、社会团体和个人的干涉。

第六条 人民法院、人民检察院和公安机关进行刑事诉讼，必须依靠群众，必须以事实为根据，以法律为准绳。对于一切公民，在适用法律上一律平等，在法律面前，不允许有任何特权。

第七条 人民法院、人民检察院和公安机关进行刑事诉讼，应当分工负责，互相配合，互相制约，以保证准确有效地执行法律。

第八条 人民检察院依法对刑事诉讼实行法律监督。

第九条 各民族公民都有用本民族语言文字进行诉讼的权利。人民法院、人民检察院和公安机关对于不通晓当地通用的语言文字的诉讼参与人，应当为他们翻译。

在少数民族聚居或者多民族杂居的地区，应当用当地通用的语言进行审讯，用当地通用的文字发布判决书、布告和其他文件。

第十条 人民法院审判案件，实行两审终审制。

第十一条 人民法院审判案件，除本法另有规定的以外，一律公开进行。被告人有权获得辩护，人民法院有义务保证被告人获得辩护。

第十二条 未经人民法院依法判决，对任何人都不得确定有罪。

第十三条 人民法院审判案件，依照本法实行人民陪审员陪审的制度。

第十四条 人民法院、人民检察院和公安机关应当保障犯罪嫌疑人、被告人和其他诉讼参与人依法享有的辩护权和其他诉讼权利。

诉讼参与人对于审判人员、检察人员和侦查人员侵犯公民诉讼权利和人身侮辱的行为，有权提出控告。

第十五条 犯罪嫌疑人、被告人自愿如实供述自己的罪行，承认指控的犯罪事实，愿意接受处罚的，可以依法从宽处理。

第十六条 有下列情形之一的，不追究刑事责任，已经追究的，应当撤销案件，或者不起诉，或者终止审理，或者宣告无罪：

（一）情节显著轻微、危害不大，不认为是犯罪的；

（二）犯罪已过追诉时效期限的；

（三）经特赦令免除刑罚的；

（四）依照刑法告诉才处理的犯罪，没有告诉或者撤回告诉的；

（五）犯罪嫌疑人、被告人死亡的；

（六）其他法律规定免予追究刑事责任的。

第十七条　对于外国人犯罪应当追究刑事责任的，适用本法的规定。

对于享有外交特权和豁免权的外国人犯罪应当追究刑事责任的，通过外交途径解决。

第十八条　根据中华人民共和国缔结或者参加的国际条约，或者按照互惠原则，我国司法机关和外国司法机关可以相互请求刑事司法协助。

第二章　管　　辖

第十九条　刑事案件的侦查由公安机关进行，法律另有规定的除外。

人民检察院在对诉讼活动实行法律监督中发现的司法工作人员利用职权实施的非法拘禁、刑讯逼供、非法搜查等侵犯公民权利、损害司法公正的犯罪，可以由人民检察院立案侦查。对于公安机关管辖的国家机关工作人员利用职权实施的重大犯罪案件，需要由人民检察院直接受理的时候，经省级以上人民检察院决定，可以由人民检察院立案侦查。

自诉案件，由人民法院直接受理。

第二十条　基层人民法院管辖第一审普通刑事案件，但是依照本法由上级人民法院管辖的除外。

第二十一条　中级人民法院管辖下列第一审刑事案件：

（一）危害国家安全、恐怖活动案件；

（二）可能判处无期徒刑、死刑的案件。

第二十二条　高级人民法院管辖的第一审刑事案件，是全省（自治区、直辖市）性的重大刑事案件。

第二十三条　最高人民法院管辖的第一审刑事案件，是全国性的重大刑事案件。

第二十四条　上级人民法院在必要的时候，可以审判下级人民法院管辖的第一审刑事案件；下级人民法院认为案情重大、复杂需要由上级人民法院审判的第一审刑事案件，可以请求移送上一级人民法院审判。

第二十五条　刑事案件由犯罪地的人民法院管辖。如果由被告人居住地的人民法院审判更为适宜的，可以由被告人居住地的人民法院管辖。

第二十六条　几个同级人民法院都有权管辖的案件，由最初受理的人民法院审判。在必要的时候，可以移送主要犯罪地的人民法院审判。

第二十七条　上级人民法院可以指定下级人民法院审判管辖不明的案件，也可以指定下级人民法院将案件移送其他人民法院审判。

第二十八条　专门人民法院案件的管辖另行规定。

第三章　回　　避

第二十九条　审判人员、检察人员、侦查人员有下列情形之一的，应当自行回避，当事人及其法定代理人也有权要求他们回避：

（一）是本案的当事人或者是当事人的近亲属的；

（二）本人或者他的近亲属和本案有利害关系的；

（三）担任过本案的证人、鉴定人、辩护人、诉讼代理人的；

（四）与本案当事人有其他关系，可能影响公正处理案件的。

第三十条　审判人员、检察人员、侦查人员不得接受当事人及其委托的人的请客送礼，不得违反规定会见当事人及其委托的人。

审判人员、检察人员、侦查人员违反前款规定的，应当依法追究法律责任。当事人及其法定代理人有权要求他们回避。

第三十一条　审判人员、检察人员、侦查人员的回避，应当分别由院长、检察长、公安机关负责人决定；院长的回避，由本院审判委员会决定；检察长和公安机关负责人的回避，由同级人民检察院检察委员会决定。

对侦查人员的回避作出决定前，侦查人员不能停止对案件的侦查。

对驳回申请回避的决定，当事人及其法定代理人可以申请复议一次。

第三十二条 本章关于回避的规定适用于书记员、翻译人员和鉴定人。

辩护人、诉讼代理人可以依照本章的规定要求回避、申请复议。

第四章 辩护与代理

第三十三条 犯罪嫌疑人、被告人除自己行使辩护权以外，还可以委托一至二人作为辩护人。下列的人可以被委托为辩护人：

（一）律师；

（二）人民团体或者犯罪嫌疑人、被告人所在单位推荐的人；

（三）犯罪嫌疑人、被告人的监护人、亲友。

正在被执行刑罚或者依法被剥夺、限制人身自由的人，不得担任辩护人。

被开除公职和被吊销律师、公证员执业证书的人，不得担任辩护人，但系犯罪嫌疑人、被告人的监护人、近亲属的除外。

第三十四条 犯罪嫌疑人自被侦查机关第一次讯问或者采取强制措施之日起，有权委托辩护人；在侦查期间，只能委托律师作为辩护人。被告人有权随时委托辩护人。

侦查机关在第一次讯问犯罪嫌疑人或者对犯罪嫌疑人采取强制措施的时候，应当告知犯罪嫌疑人有权委托辩护人。人民检察院自收到移送审查起诉的案件材料之日起三日以内，应当告知犯罪嫌疑人有权委托辩护人。人民法院自受理案件之日起三日以内，应当告知被告人有权委托辩护人。犯罪嫌疑人、被告人在押期间要求委托辩护人的，人民法院、人民检察院和公安机关应当及时转达其要求。

犯罪嫌疑人、被告人在押的，也可以由其监护人、近亲属代为委托辩护人。

辩护人接受犯罪嫌疑人、被告人委托后，应当及时告知办理案件的机关。

第三十五条 犯罪嫌疑人、被告人因经济困难或者其他原因没有委托辩护人的，本人及其近亲属可以向法律援助机构提出申请。对符合法律援助条件的，法律援助机构应当指派律师为其提供辩护。

犯罪嫌疑人、被告人是盲、聋、哑人，或者是尚未完全丧失辨认或者控制自己行为能力的精神病人，没有委托辩护人的，人民法院、人民检察院和公安机关应当通知法律援助机构指派律师为其提供辩护。

犯罪嫌疑人、被告人可能被判处无期徒刑、死刑，没有委托辩护人的，人民法院、人民检察院和公安机关应当通知法律援助机构指派律师为其提供辩护。

第三十六条 法律援助机构可以在人民法院、看守所等场所派驻值班律师。犯罪嫌疑人、被告人没有委托辩护人，法律援助机构没有指派律师为其提供辩护的，由值班律师为犯罪嫌疑人、被告人提供法律咨询、程序选择建议、申请变更强制措施、对案件处理提出意见等法律帮助。

人民法院、人民检察院、看守所应当告知犯罪嫌疑人、被告人有权约见值班律师，并为犯罪嫌疑人、被告人约见值班律师提供便利。

第三十七条 辩护人的责任是根据事实和法律，提出犯罪嫌疑人、被告人无罪、罪轻或者减轻、免除其刑事责任的材料和意见，维护犯罪嫌疑人、被告人的诉讼权利和其他合法权益。

第三十八条 辩护律师在侦查期间可以为犯罪嫌疑人提供法律帮助；代理申诉、控告；申请变更强制措施；向侦查机关了解犯罪嫌疑人涉嫌的罪名和案件有关情况，提出意见。

第三十九条　辩护律师可以同在押的犯罪嫌疑人、被告人会见和通信。其他辩护人经人民法院、人民检察院许可，也可以同在押的犯罪嫌疑人、被告人会见和通信。

辩护律师持律师执业证书、律师事务所证明和委托书或者法律援助公函要求会见在押的犯罪嫌疑人、被告人的，看守所应当及时安排会见，至迟不得超过四十八小时。

危害国家安全犯罪、恐怖活动犯罪案件，在侦查期间辩护律师会见在押的犯罪嫌疑人，应当经侦查机关许可。上述案件，侦查机关应当事先通知看守所。

辩护律师会见在押的犯罪嫌疑人、被告人，可以了解案件有关情况，提供法律咨询等；自案件移送审查起诉之日起，可以向犯罪嫌疑人、被告人核实有关证据。辩护律师会见犯罪嫌疑人、被告人时不被监听。

辩护律师同被监视居住的犯罪嫌疑人、被告人会见、通信，适用第一款、第三款、第四款的规定。

第四十条　辩护律师自人民检察院对案件审查起诉之日起，可以查阅、摘抄、复制本案的案卷材料。其他辩护人经人民法院、人民检察院许可，也可以查阅、摘抄、复制上述材料。

第四十一条　辩护人认为在侦查、审查起诉期间公安机关、人民检察院收集的证明犯罪嫌疑人、被告人无罪或者罪轻的证据材料未提交的，有权申请人民检察院、人民法院调取。

第四十二条　辩护人收集的有关犯罪嫌疑人不在犯罪现场、未达到刑事责任年龄、属于依法不负刑事责任的精神病人的证据，应当及时告知公安机关、人民检察院。

第四十三条　辩护律师经证人或者其他有关单位和个人同意，可以向他们收集与本案有关的材料，也可以申请人民检察院、人民法院收集、调取证据，或者申请人民法院通知证人出庭作证。

辩护律师经人民检察院或者人民法院许可，并且经被害人或者其近亲属、被害人提供的证人同意，可以向他们收集与本案有关的材料。

第四十四条 辩护人或者其他任何人，不得帮助犯罪嫌疑人、被告人隐匿、毁灭、伪造证据或者串供，不得威胁、引诱证人作伪证以及进行其他干扰司法机关诉讼活动的行为。

违反前款规定的，应当依法追究法律责任，辩护人涉嫌犯罪的，应当由办理辩护人所承办案件的侦查机关以外的侦查机关办理。辩护人是律师的，应当及时通知其所在的律师事务所或者所属的律师协会。

第四十五条 在审判过程中，被告人可以拒绝辩护人继续为他辩护，也可以另行委托辩护人辩护。

第四十六条 公诉案件的被害人及其法定代理人或者近亲属，附带民事诉讼的当事人及其法定代理人，自案件移送审查起诉之日起，有权委托诉讼代理人。自诉案件的自诉人及其法定代理人，附带民事诉讼的当事人及其法定代理人，有权随时委托诉讼代理人。

人民检察院自收到移送审查起诉的案件材料之日起三日以内，应当告知被害人及其法定代理人或者其近亲属、附带民事诉讼的当事人及其法定代理人有权委托诉讼代理人。人民法院自受理自诉案件之日起三日以内，应当告知自诉人及其法定代理人、附带民事诉讼的当事人及其法定代理人有权委托诉讼代理人。

第四十七条 委托诉讼代理人，参照本法第三十三条的规定执行。

第四十八条 辩护律师对在执业活动中知悉的委托人的有关情况和信息，有权予以保密。但是，辩护律师在执业活动中知悉委托人或者其他人，准备或者正在实施危害国家安全、公共安全以及严重危害他人人身安全的犯罪的，应当及时告知司法机关。

第四十九条 辩护人、诉讼代理人认为公安机关、人民检察院、人民法院及其工作人员阻碍其依法行使诉讼权利的，有权向同级或者上一级人民检察院申诉或者控告。人民检察院对申诉或者控告应当及时进行审查，情况属实的，通知有关机关予以纠正。

第五章 证 据

第五十条 可以用于证明案件事实的材料，都是证据。

证据包括：

（一）物证；

（二）书证；

（三）证人证言；

（四）被害人陈述；

（五）犯罪嫌疑人、被告人供述和辩解；

（六）鉴定意见；

（七）勘验、检查、辨认、侦查实验等笔录；

（八）视听资料、电子数据。

证据必须经过查证属实，才能作为定案的根据。

第五十一条 公诉案件中被告人有罪的举证责任由人民检察院承担，自诉案件中被告人有罪的举证责任由自诉人承担。

第五十二条 审判人员、检察人员、侦查人员必须依照法定程序，收集能够证实犯罪嫌疑人、被告人有罪或者无罪、犯罪情节轻重的各种证据。严禁刑讯逼供和以威胁、引诱、欺骗以及其他非法方法收集证据，不得强迫任何人证实自己有罪。必须保证一切与案件有关或者了解案情的公民，有客观地充分地提供证据的条件，除特殊情况外，可以吸收他们协助调查。

第五十三条 公安机关提请批准逮捕书、人民检察院起诉书、人民法院判决书，必须忠实于事实真象。故意隐瞒事实真象的，应当追究责任。

第五十四条 人民法院、人民检察院和公安机关有权向有关单位和个人收集、调取证据。有关单位和个人应当如实提供证据。

行政机关在行政执法和查办案件过程中收集的物证、书证、视听资料、电子数据等证据材料，在刑事诉讼中可以作为证据使用。

对涉及国家秘密、商业秘密、个人隐私的证据，应当保密。

凡是伪造证据、隐匿证据或者毁灭证据的，无论属于何方，必须受法律追究。

第五十五条 对一切案件的判处都要重证据，重调查研究，不轻信口供。只有被告人供述，没有其他证据的，不能认定被告人有罪和处以刑罚；没有被告人供述，证据确实、充分的，可以认定被告人有罪和处以刑罚。

证据确实、充分，应当符合以下条件：

（一）定罪量刑的事实都有证据证明；

（二）据以定案的证据均经法定程序查证属实；

（三）综合全案证据，对所认定事实已排除合理怀疑。

第五十六条 采用刑讯逼供等非法方法收集的犯罪嫌疑人、被告人供述和采用暴力、威胁等非法方法收集的证人证言、被害人陈述，应当予以排除。收集物证、书证不符合法定程序，可能严重影响司法公正的，应当予以补正或者作出合理解释；不能补正或者作出合理解释的，对该证据应当予以排除。

在侦查、审查起诉、审判时发现有应当排除的证据的，应当依法予以排除，不得作为起诉意见、起诉决定和判决的依据。

第五十七条 人民检察院接到报案、控告、举报或者发现侦查人员以非法方法收集证据的，应当进行调查核实。对于确有以非法方法收集证据情形的，应当提出纠正意见；构成犯罪的，依法追究刑事责任。

第五十八条 法庭审理过程中，审判人员认为可能存在本法第五十六条规定的以非法方法收集证据情形的，应当对证据收集的合法性进行法庭调查。

当事人及其辩护人、诉讼代理人有权申请人民法院对以非法方法收集的证据依法予以排除。申请排除以非法方法收集的证据的，应当提供相关线索或者材料。

第五十九条 在对证据收集的合法性进行法庭调查的过程中，人民检察院应当对证据收集的合法性加以证明。

现有证据材料不能证明证据收集的合法性的，人民检察院可以提请人民法院通知有关侦查人员或者其他人员出庭说明情况；人民法院可以通知有关侦查人员或者其他人员出庭说明情况。有关侦查人员或者其他人员也可以要求出庭说明情况。经人民法院通知，有关人员应当出庭。

第六十条　对于经过法庭审理，确认或者不能排除存在本法第五十六条规定的以非法方法收集证据情形的，对有关证据应当予以排除。

第六十一条　证人证言必须在法庭上经过公诉人、被害人和被告人、辩护人双方质证并且查实以后，才能作为定案的根据。法庭查明证人有意作伪证或者隐匿罪证的时候，应当依法处理。

第六十二条　凡是知道案件情况的人，都有作证的义务。

生理上、精神上有缺陷或者年幼，不能辨别是非、不能正确表达的人，不能作证人。

第六十三条　人民法院、人民检察院和公安机关应当保障证人及其近亲属的安全。

对证人及其近亲属进行威胁、侮辱、殴打或者打击报复，构成犯罪的，依法追究刑事责任；尚不够刑事处罚的，依法给予治安管理处罚。

第六十四条　对于危害国家安全犯罪、恐怖活动犯罪、黑社会性质的组织犯罪、毒品犯罪等案件，证人、鉴定人、被害人因在诉讼中作证，本人或者其近亲属的人身安全面临危险的，人民法院、人民检察院和公安机关应当采取以下一项或者多项保护措施：

（一）不公开真实姓名、住址和工作单位等个人信息；

（二）采取不暴露外貌、真实声音等出庭作证措施；

（三）禁止特定的人员接触证人、鉴定人、被害人及其近亲属；

（四）对人身和住宅采取专门性保护措施；

（五）其他必要的保护措施。

证人、鉴定人、被害人认为因在诉讼中作证，本人或者其近亲属的人身安全面临危险的，可以向人民法院、人民检察院、公安机关请求予以保护。

人民法院、人民检察院、公安机关依法采取保护措施，有关单位和个人应当配合。

第六十五条 证人因履行作证义务而支出的交通、住宿、就餐等费用，应当给予补助。证人作证的补助列入司法机关业务经费，由同级政府财政予以保障。

有工作单位的证人作证，所在单位不得克扣或者变相克扣其工资、奖金及其他福利待遇。

第六章 强制措施

第六十六条 人民法院、人民检察院和公安机关根据案件情况，对犯罪嫌疑人、被告人可以拘传、取保候审或者监视居住。

第六十七条 人民法院、人民检察院和公安机关对有下列情形之一的犯罪嫌疑人、被告人，可以取保候审：

（一）可能判处管制、拘役或者独立适用附加刑的；

（二）可能判处有期徒刑以上刑罚，采取取保候审不致发生社会危险性的；

（三）患有严重疾病、生活不能自理，怀孕或者正在哺乳自己婴儿的妇女，采取取保候审不致发生社会危险性的；

（四）羁押期限届满，案件尚未办结，需要采取取保候审的。

取保候审由公安机关执行。

第六十八条 人民法院、人民检察院和公安机关决定对犯罪嫌疑人、被告人取保候审，应当责令犯罪嫌疑人、被告人提出保证人或者交纳保证金。

第六十九条 保证人必须符合下列条件：

（一）与本案无牵连；

（二）有能力履行保证义务；

（三）享有政治权利，人身自由未受到限制；

（四）有固定的住处和收入。

第七十条 保证人应当履行以下义务：

（一）监督被保证人遵守本法第七十一条的规定；

（二）发现被保证人可能发生或者已经发生违反本法第七十一条规定的行为的，应当及时向执行机关报告。

被保证人有违反本法第七十一条规定的行为，保证人未履行保证义务的，对保证人处以罚款，构成犯罪的，依法追究刑事责任。

第七十一条　被取保候审的犯罪嫌疑人、被告人应当遵守以下规定：

（一）未经执行机关批准不得离开所居住的市、县；

（二）住址、工作单位和联系方式发生变动的，在二十四小时以内向执行机关报告；

（三）在传讯的时候及时到案；

（四）不得以任何形式干扰证人作证；

（五）不得毁灭、伪造证据或者串供。

人民法院、人民检察院和公安机关可以根据案件情况，责令被取保候审的犯罪嫌疑人、被告人遵守以下一项或者多项规定：

（一）不得进入特定的场所；

（二）不得与特定的人员会见或者通信；

（三）不得从事特定的活动；

（四）将护照等出入境证件、驾驶证件交执行机关保存。

被取保候审的犯罪嫌疑人、被告人违反前两款规定，已交纳保证金的，没收部分或者全部保证金，并且区别情形，责令犯罪嫌疑人、被告人具结悔过、重新交纳保证金、提出保证人，或者监视居住、予以逮捕。

对违反取保候审规定，需要予以逮捕的，可以对犯罪嫌疑人、被告人先行拘留。

第七十二条　取保候审的决定机关应当综合考虑保证诉讼活动正常进行的需要，被取保候审人的社会危险性，案件的性质、情节，可能判处刑罚的轻重，被取保候审人的经济状况等情况，确定保证金的数额。

提供保证金的人应当将保证金存入执行机关指定银行的专门

账户。

第七十三条 犯罪嫌疑人、被告人在取保候审期间未违反本法第七十一条规定的，取保候审结束的时候，凭解除取保候审的通知或者有关法律文书到银行领取退还的保证金。

第七十四条 人民法院、人民检察院和公安机关对符合逮捕条件，有下列情形之一的犯罪嫌疑人、被告人，可以监视居住：

（一）患有严重疾病、生活不能自理的；

（二）怀孕或者正在哺乳自己婴儿的妇女；

（三）系生活不能自理的人的唯一扶养人；

（四）因为案件的特殊情况或者办理案件的需要，采取监视居住措施更为适宜的；

（五）羁押期限届满，案件尚未办结，需要采取监视居住措施的。

对符合取保候审条件，但犯罪嫌疑人、被告人不能提出保证人，也不交纳保证金的，可以监视居住。

监视居住由公安机关执行。

第七十五条 监视居住应当在犯罪嫌疑人、被告人的住处执行；无固定住处的，可以在指定的居所执行。对于涉嫌危害国家安全犯罪、恐怖活动犯罪，在住处执行可能有碍侦查的，经上一级公安机关批准，也可以在指定的居所执行。但是，不得在羁押场所、专门的办案场所执行。

指定居所监视居住的，除无法通知的以外，应当在执行监视居住后二十四小时以内，通知被监视居住人的家属。

被监视居住的犯罪嫌疑人、被告人委托辩护人，适用本法第三十四条的规定。

人民检察院对指定居所监视居住的决定和执行是否合法实行监督。

第七十六条 指定居所监视居住的期限应当折抵刑期。被判处管制的，监视居住一日折抵刑期一日；被判处拘役、有期徒刑的，监视居住二日折抵刑期一日。

第七十七条 被监视居住的犯罪嫌疑人、被告人应当遵守以下规定：

（一）未经执行机关批准不得离开执行监视居住的处所；

（二）未经执行机关批准不得会见他人或者通信；

（三）在传讯的时候及时到案；

（四）不得以任何形式干扰证人作证；

（五）不得毁灭、伪造证据或者串供；

（六）将护照等出入境证件、身份证件、驾驶证件交执行机关保存。

被监视居住的犯罪嫌疑人、被告人违反前款规定，情节严重的，可以予以逮捕；需要予以逮捕的，可以对犯罪嫌疑人、被告人先行拘留。

第七十八条　执行机关对被监视居住的犯罪嫌疑人、被告人，可以采取电子监控、不定期检查等监视方法对其遵守监视居住规定的情况进行监督；在侦查期间，可以对被监视居住的犯罪嫌疑人的通信进行监控。

第七十九条　人民法院、人民检察院和公安机关对犯罪嫌疑人、被告人取保候审最长不得超过十二个月，监视居住最长不得超过六个月。

在取保候审、监视居住期间，不得中断对案件的侦查、起诉和审理。对于发现不应当追究刑事责任或者取保候审、监视居住期限届满的，应当及时解除取保候审、监视居住。解除取保候审、监视居住，应当及时通知被取保候审、监视居住人和有关单位。

第八十条　逮捕犯罪嫌疑人、被告人，必须经过人民检察院批准或者人民法院决定，由公安机关执行。

第八十一条　对有证据证明有犯罪事实，可能判处徒刑以上刑罚的犯罪嫌疑人、被告人，采取取保候审尚不足以防止发生下列社会危险性的，应当予以逮捕：

（一）可能实施新的犯罪的；

（二）有危害国家安全、公共安全或者社会秩序的现实危险的；

（三）可能毁灭、伪造证据，干扰证人作证或者串供的；

（四）可能对被害人、举报人、控告人实施打击报复的；

（五）企图自杀或者逃跑的。

批准或者决定逮捕，应当将犯罪嫌疑人、被告人涉嫌犯罪的性质、情节，认罪认罚等情况，作为是否可能发生社会危险性的考虑因素。

对有证据证明有犯罪事实，可能判处十年有期徒刑以上刑罚的，或者有证据证明有犯罪事实，可能判处徒刑以上刑罚，曾经故意犯罪或者身份不明的，应当予以逮捕。

被取保候审、监视居住的犯罪嫌疑人、被告人违反取保候审、监视居住规定，情节严重的，可以予以逮捕。

第八十二条　公安机关对于现行犯或者重大嫌疑分子，如果有下列情形之一的，可以先行拘留：

（一）正在预备犯罪、实行犯罪或者在犯罪后即时被发觉的；

（二）被害人或者在场亲眼看见的人指认他犯罪的；

（三）在身边或者住处发现有犯罪证据的；

（四）犯罪后企图自杀、逃跑或者在逃的；

（五）有毁灭、伪造证据或者串供可能的；

（六）不讲真实姓名、住址，身份不明的；

（七）有流窜作案、多次作案、结伙作案重大嫌疑的。

第八十三条　公安机关在异地执行拘留、逮捕的时候，应当通知被拘留、逮捕人所在地的公安机关，被拘留、逮捕人所在地的公安机关应当予以配合。

第八十四条　对于有下列情形的人，任何公民都可以立即扭送公安机关、人民检察院或者人民法院处理：

（一）正在实行犯罪或者在犯罪后即时被发觉的；

（二）通缉在案的；

（三）越狱逃跑的；

（四）正在被追捕的。

第八十五条　公安机关拘留人的时候，必须出示拘留证。

拘留后，应当立即将被拘留人送看守所羁押，至迟不得超过二十四小时。除无法通知或者涉嫌危害国家安全犯罪、恐怖活动犯罪通知可能有碍侦查的情形以外，应当在拘留后二十四小时以内，通知被拘留人的家属。有碍侦查的情形消失以后，应当立即通知被拘留人的家属。

第八十六条　公安机关对被拘留的人，应当在拘留后的二十四小时以内进行讯问。在发现不应当拘留的时候，必须立即释放，发给释放证明。

第八十七条　公安机关要求逮捕犯罪嫌疑人的时候，应当写出提请批准逮捕书，连同案卷材料、证据，一并移送同级人民检察院审查批准。必要的时候，人民检察院可以派人参加公安机关对于重大案件的讨论。

第八十八条　人民检察院审查批准逮捕，可以讯问犯罪嫌疑人；有下列情形之一的，应当讯问犯罪嫌疑人：

（一）对是否符合逮捕条件有疑问的；

（二）犯罪嫌疑人要求向检察人员当面陈述的；

（三）侦查活动可能有重大违法行为的。

人民检察院审查批准逮捕，可以询问证人等诉讼参与人，听取辩护律师的意见；辩护律师提出要求的，应当听取辩护律师的意见。

第八十九条　人民检察院审查批准逮捕犯罪嫌疑人由检察长决定。重大案件应当提交检察委员会讨论决定。

第九十条　人民检察院对于公安机关提请批准逮捕的案件进行审查后，应当根据情况分别作出批准逮捕或者不批准逮捕的决定。对于批准逮捕的决定，公安机关应当立即执行，并且将执行情况及时通知人民检察院。对于不批准逮捕的，人民检察院应当说明理由，需要补充侦查的，应当同时通知公安机关。

第九十一条　公安机关对被拘留的人，认为需要逮捕的，应当在拘留后的三日以内，提请人民检察院审查批准。在特殊情况下，提请审查批准的时间可以延长一日至四日。

对于流窜作案、多次作案、结伙作案的重大嫌疑分子，提请审查批准的时间可以延长至三十日。

人民检察院应当自接到公安机关提请批准逮捕书后的七日以内，作出批准逮捕或者不批准逮捕的决定。人民检察院不批准逮捕的，公安机关应当在接到通知后立即释放，并且将执行情况及时通知人民检察院。对于需要继续侦查，并且符合取保候审、监视居住条件的，依法取保候审或者监视居住。

第九十二条　公安机关对人民检察院不批准逮捕的决定，认为有错误的时候，可以要求复议，但是必须将被拘留的人立即释放。如果意见不被接受，可以向上一级人民检察院提请复核。上级人民检察院应当立即复核，作出是否变更的决定，通知下级人民检察院和公安机关执行。

第九十三条　公安机关逮捕人的时候，必须出示逮捕证。

逮捕后，应当立即将被逮捕人送看守所羁押。除无法通知的以外，应当在逮捕后二十四小时以内，通知被逮捕人的家属。

第九十四条　人民法院、人民检察院对于各自决定逮捕的人，公安机关对于经人民检察院批准逮捕的人，都必须在逮捕后的二十四小时以内进行讯问。在发现不应当逮捕的时候，必须立即释放，发给释放证明。

第九十五条　犯罪嫌疑人、被告人被逮捕后，人民检察院仍应当对羁押的必要性进行审查。对不需要继续羁押的，应当建议予以释放或者变更强制措施。有关机关应当在十日以内将处理情况通知人民检察院。

第九十六条　人民法院、人民检察院和公安机关如果发现对犯罪嫌疑人、被告人采取强制措施不当的，应当及时撤销或者变更。公安机关释放被逮捕的人或者变更逮捕措施的，应当通知原批准的人民检察院。

第九十七条　犯罪嫌疑人、被告人及其法定代理人、近亲属或者辩护人有权申请变更强制措施。人民法院、人民检察院和公安机关收到申请后，应当在三日以内作出决定；不同意变更强制措施的，应当告知申请人，并说明不同意的理由。

第九十八条　犯罪嫌疑人、被告人被羁押的案件，不能在本法规定的侦查羁押、审查起诉、一审、二审期限内办结的，对犯罪嫌疑人、被告人应当予以释放；需要继续查证、审理的，对犯罪嫌疑人、被告人可以取保候审或者监视居住。

第九十九条 人民法院、人民检察院或者公安机关对被采取强制措施法定期限届满的犯罪嫌疑人、被告人，应当予以释放、解除取保候审、监视居住或者依法变更强制措施。犯罪嫌疑人、被告人及其法定代理人、近亲属或者辩护人对于人民法院、人民检察院或者公安机关采取强制措施法定期限届满的，有权要求解除强制措施。

第一百条 人民检察院在审查批准逮捕工作中，如果发现公安机关的侦查活动有违法情况，应当通知公安机关予以纠正，公安机关应当将纠正情况通知人民检察院。

第七章　附带民事诉讼

第一百零一条 被害人由于被告人的犯罪行为而遭受物质损失的，在刑事诉讼过程中，有权提起附带民事诉讼。被害人死亡或者丧失行为能力的，被害人的法定代理人、近亲属有权提起附带民事诉讼。

如果是国家财产、集体财产遭受损失的，人民检察院在提起公诉的时候，可以提起附带民事诉讼。

第一百零二条 人民法院在必要的时候，可以采取保全措施，查封、扣押或者冻结被告人的财产。附带民事诉讼原告人或者人民检察院可以申请人民法院采取保全措施。人民法院采取保全措施，适用民事诉讼法的有关规定。

第一百零三条 人民法院审理附带民事诉讼案件，可以进行调解，或者根据物质损失情况作出判决、裁定。

第一百零四条 附带民事诉讼应当同刑事案件一并审判，只有为了防止刑事案件审判的过分迟延，才可以在刑事案件审判后，由同一审判组织继续审理附带民事诉讼。

第八章　期间、送达

第一百零五条 期间以时、日、月计算。

期间开始的时和日不算在期间以内。

法定期间不包括路途上的时间。上诉状或者其他文件在期满前已经交邮的，不算过期。

期间的最后一日为节假日的，以节假日后的第一日为期满日期，但犯罪嫌疑人、被告人或者罪犯在押期间，应当至期满之日为止，不得因节假日而延长。

第一百零六条 当事人由于不能抗拒的原因或者有其他正当理由而耽误期限的，在障碍消除后五日以内，可以申请继续进行应当在期满以前完成的诉讼活动。

前款申请是否准许，由人民法院裁定。

第一百零七条 送达传票、通知书和其他诉讼文件应当交给收件人本人；如果本人不在，可以交给他的成年家属或者所在单位的负责人员代收。

收件人本人或者代收人拒绝接收或者拒绝签名、盖章的时候，送达人可以邀请他的邻居或者其他见证人到场，说明情况，把文件留在他的住处，在送达证上记明拒绝的事由、送达的日期，由送达人签名，即认为已经送达。

第九章　其他规定

第一百零八条 本法下列用语的含意是：

（一）"侦查"是指公安机关、人民检察院对于刑事案件，依照法律进行的收集证据、查明案情的工作和有关的强制性措施；

（二）"当事人"是指被害人、自诉人、犯罪嫌疑人、被告人、附带民事诉讼的原告人和被告人；

（三）"法定代理人"是指被代理人的父母、养父母、监护人和负有保护责任的机关、团体的代表；

（四）"诉讼参与人"是指当事人、法定代理人、诉讼代理人、辩护人、证人、鉴定人和翻译人员；

（五）"诉讼代理人"是指公诉案件的被害人及其法定代理人或者近亲属、自诉案件的自诉人及其法定代理人委托代为参加诉讼的人和附带民事诉讼的当事人及其法定代理人委托代为参加诉讼的人；

（六）"近亲属"是指夫、妻、父、母、子、女、同胞兄弟姊妹。

第二编　立案、侦查和提起公诉

第一章　立　案

第一百零九条　公安机关或者人民检察院发现犯罪事实或者犯罪嫌疑人，应当按照管辖范围，立案侦查。

第一百一十条　任何单位和个人发现有犯罪事实或者犯罪嫌疑人，有权利也有义务向公安机关、人民检察院或者人民法院报案或者举报。

被害人对侵犯其人身、财产权利的犯罪事实或者犯罪嫌疑人，有权向公安机关、人民检察院或者人民法院报案或者控告。

公安机关、人民检察院或者人民法院对于报案、控告、举报，都应当接受。对于不属于自己管辖的，应当移送主管机关处理，并且通知报案人、控告人、举报人；对于不属于自己管辖而又必须采取紧急措施的，应当先采取紧急措施，然后移送主管机关。

犯罪人向公安机关、人民检察院或者人民法院自首的，适用第三款规定。

第一百一十一条　报案、控告、举报可以用书面或者口头提出。接受口头报案、控告、举报的工作人员，应当写成笔录，经宣读无误后，由报案人、控告人、举报人签名或者盖章。

接受控告、举报的工作人员，应当向控告人、举报人说明诬告应负的法律责任。但是，只要不是捏造事实，伪造证据，即使控告、举报的事实有出入，甚至是错告的，也要和诬告严格加以区别。

公安机关、人民检察院或者人民法院应当保障报案人、控告人、举报人及其近亲属的安全。报案人、控告人、举报人如果不愿公开自己的姓名和报案、控告、举报的行为，应当为他保守秘密。

第一百一十二条　人民法院、人民检察院或者公安机关对于报案、控告、举报和自首的材料，应当按照管辖范围，迅速进行审查，认为有犯罪事实需要追究刑事责任的时候，应当立案；认为没有犯罪事实，或者犯罪事实显著轻微，不需要追究刑事责任的时候，不予立案，并且将不立案的原因通知控告人。控告人如果不服，可以申请复议。

第一百一十三条　人民检察院认为公安机关对应当立案侦查的案件而不立案侦查的，或者被害人认为公安机关对应当立案侦查的案件而不立案侦查，向人民检察院提出的，人民检察院应当要求公安机关说明不立案的理由。人民检察院认为公安机关不立案理由不能成立的，应当通知公安机关立案，公安机关接到通知后应当立案。

第一百一十四条　对于自诉案件，被害人有权向人民法院直接起诉。被害人死亡或者丧失行为能力的，被害人的法定代理人、近亲属有权向人民法院起诉。人民法院应当依法受理。

第二章　侦　　查

第一节　一般规定

第一百一十五条　公安机关对已经立案的刑事案件，应当进行侦查，收集、调取犯罪嫌疑人有罪或者无罪、罪轻或者罪重的证据材料。对现行犯或者重大嫌疑分子可以依法先行拘留，对符合逮捕条件的犯罪嫌疑人，应当依法逮捕。

第一百一十六条　公安机关经过侦查，对有证据证明有犯罪事实的案件，应当进行预审，对收集、调取的证据材料予以核实。

第一百一十七条 当事人和辩护人、诉讼代理人、利害关系人对于司法机关及其工作人员有下列行为之一的，有权向该机关申诉或者控告：

（一）采取强制措施法定期限届满，不予以释放、解除或者变更的；

（二）应当退还取保候审保证金不退还的；

（三）对与案件无关的财物采取查封、扣押、冻结措施的；

（四）应当解除查封、扣押、冻结不解除的；

（五）贪污、挪用、私分、调换、违反规定使用查封、扣押、冻结的财物的。

受理申诉或者控告的机关应当及时处理。对处理不服的，可以向同级人民检察院申诉；人民检察院直接受理的案件，可以向上一级人民检察院申诉。人民检察院对申诉应当及时进行审查，情况属实的，通知有关机关予以纠正。

第二节 讯问犯罪嫌疑人

第一百一十八条 讯问犯罪嫌疑人必须由人民检察院或者公安机关的侦查人员负责进行。讯问的时候，侦查人员不得少于二人。

犯罪嫌疑人被送交看守所羁押以后，侦查人员对其进行讯问，应当在看守所内进行。

第一百一十九条 对不需要逮捕、拘留的犯罪嫌疑人，可以传唤到犯罪嫌疑人所在市、县内的指定地点或者到他的住处进行讯问，但是应当出示人民检察院或者公安机关的证明文件。对在现场发现的犯罪嫌疑人，经出示工作证件，可以口头传唤，但应当在讯问笔录中注明。

传唤、拘传持续的时间不得超过十二小时；案情特别重大、复杂，需要采取拘留、逮捕措施的，传唤、拘传持续的时间不得超过二十四小时。

不得以连续传唤、拘传的形式变相拘禁犯罪嫌疑人。传唤、拘传犯罪嫌疑人，应当保证犯罪嫌疑人的饮食和必要的休息时间。

第一百二十条 侦查人员在讯问犯罪嫌疑人的时候，应当首先讯问犯罪嫌疑人是否有犯罪行为，让他陈述有罪的情节或者无罪的辩解，然后向他提出问题。犯罪嫌疑人对侦查人员的提问，应当如实回答。但是对与本案无关的问题，有拒绝回答的权利。

侦查人员在讯问犯罪嫌疑人的时候，应当告知犯罪嫌疑人享有的诉讼权利，如实供述自己罪行可以从宽处理和认罪认罚的法律规定。

第一百二十一条 讯问聋、哑的犯罪嫌疑人，应当有通晓聋、哑手势的人参加，并且将这种情况记明笔录。

第一百二十二条 讯问笔录应当交犯罪嫌疑人核对，对于没有阅读能力的，应当向他宣读。如果记载有遗漏或者差错，犯罪嫌疑人可以提出补充或者改正。犯罪嫌疑人承认笔录没有错误后，应当签名或者盖章。侦查人员也应当在笔录上签名。犯罪嫌疑人请求自行书写供述的，应当准许。必要的时候，侦查人员也可以要犯罪嫌疑人亲笔书写供词。

第一百二十三条 侦查人员在讯问犯罪嫌疑人的时候，可以对讯问过程进行录音或者录像；对于可能判处无期徒刑、死刑的案件或者其他重大犯罪案件，应当对讯问过程进行录音或者录像。

录音或者录像应当全程进行，保持完整性。

第三节 询问证人

第一百二十四条 侦查人员询问证人，可以在现场进行，也可以到证人所在单位、住处或者证人提出的地点进行，在必要的时候，可以通知证人到人民检察院或者公安机关提供证言。在现场询问证人，应当出示工作证件，到证人所在单位、住处或者证人提出的地点询问证人，应当出示人民检察院或者公安机关的证明文件。

询问证人应当个别进行。

第一百二十五条 询问证人，应当告知他应当如实地提供证据、证言和有意作伪证或者隐匿罪证要负的法律责任。

第一百二十六条 本法第一百二十二条的规定，也适用于询问证人。

第一百二十七条 询问被害人，适用本节各条规定。

第四节 勘验、检查

第一百二十八条 侦查人员对于与犯罪有关的场所、物品、人身、尸体应当进行勘验或者检查。在必要的时候，可以指派或者聘请具有专门知识的人，在侦查人员的主持下进行勘验、检查。

第一百二十九条 任何单位和个人，都有义务保护犯罪现场，并且立即通知公安机关派员勘验。

第一百三十条 侦查人员执行勘验、检查，必须持有人民检察院或者公安机关的证明文件。

第一百三十一条 对于死因不明的尸体，公安机关有权决定解剖，并且通知死者家属到场。

第一百三十二条 为了确定被害人、犯罪嫌疑人的某些特征、伤害情况或者生理状态，可以对人身进行检查，可以提取指纹信息，采集血液、尿液等生物样本。

犯罪嫌疑人如果拒绝检查，侦查人员认为必要的时候，可以强制检查。

检查妇女的身体，应当由女工作人员或者医师进行。

第一百三十三条 勘验、检查的情况应当写成笔录，由参加勘验、检查的人和见证人签名或者盖章。

第一百三十四条 人民检察院审查案件的时候，对公安机关的勘验、检查，认为需要复验、复查时，可以要求公安机关复验、复查，并且可以派检察人员参加。

第一百三十五条 为了查明案情，在必要的时候，经公安机关负责人批准，可以进行侦查实验。

侦查实验的情况应当写成笔录，由参加实验的人签名或者盖章。

侦查实验，禁止一切足以造成危险、侮辱人格或者有伤风化的行为。

第五节　搜　　查

第一百三十六条　为了收集犯罪证据、查获犯罪人，侦查人员可以对犯罪嫌疑人以及可能隐藏罪犯或者犯罪证据的人的身体、物品、住处和其他有关的地方进行搜查。

第一百三十七条　任何单位和个人，有义务按照人民检察院和公安机关的要求，交出可以证明犯罪嫌疑人有罪或者无罪的物证、书证、视听资料等证据。

第一百三十八条　进行搜查，必须向被搜查人出示搜查证。

在执行逮捕、拘留的时候，遇有紧急情况，不另用搜查证也可以进行搜查。

第一百三十九条　在搜查的时候，应当有被搜查人或者他的家属，邻居或者其他见证人在场。

搜查妇女的身体，应当由女工作人员进行。

第一百四十条　搜查的情况应当写成笔录，由侦查人员和被搜查人或者他的家属，邻居或者其他见证人签名或者盖章。如果被搜查人或者他的家属在逃或者拒绝签名、盖章，应当在笔录上注明。

第六节　查封、扣押物证、书证

第一百四十一条　在侦查活动中发现的可用以证明犯罪嫌疑人有罪或者无罪的各种财物、文件，应当查封、扣押；与案件无关的财物、文件，不得查封、扣押。

对查封、扣押的财物、文件，要妥善保管或者封存，不得使用、调换或者损毁。

第一百四十二条　对查封、扣押的财物、文件，应当会同在场见证人和被查封、扣押财物、文件持有人查点清楚，当场开列清单一式二份，由侦查人员、见证人和持有人签名或者盖章，一份交给持有人，另一份附卷备查。

第一百四十三条 侦查人员认为需要扣押犯罪嫌疑人的邮件、电报的时候，经公安机关或者人民检察院批准，即可通知邮电机关将有关的邮件、电报检交扣押。

不需要继续扣押的时候，应即通知邮电机关。

第一百四十四条 人民检察院、公安机关根据侦查犯罪的需要，可以依照规定查询、冻结犯罪嫌疑人的存款、汇款、债券、股票、基金份额等财产。有关单位和个人应当配合。

犯罪嫌疑人的存款、汇款、债券、股票、基金份额等财产已被冻结的，不得重复冻结。

第一百四十五条 对查封、扣押的财物、文件、邮件、电报或者冻结的存款、汇款、债券、股票、基金份额等财产，经查明确实与案件无关的，应当在三日以内解除查封、扣押、冻结，予以退还。

第七节 鉴 定

第一百四十六条 为了查明案情，需要解决案件中某些专门性问题的时候，应当指派、聘请有专门知识的人进行鉴定。

第一百四十七条 鉴定人进行鉴定后，应当写出鉴定意见，并且签名。

鉴定人故意作虚假鉴定的，应当承担法律责任。

第一百四十八条 侦查机关应当将用作证据的鉴定意见告知犯罪嫌疑人、被害人。如果犯罪嫌疑人、被害人提出申请，可以补充鉴定或者重新鉴定。

第一百四十九条 对犯罪嫌疑人作精神病鉴定的期间不计入办案期限。

第八节 技术侦查措施

第一百五十条 公安机关在立案后，对于危害国家安全犯罪、恐怖活动犯罪、黑社会性质的组织犯罪、重大毒品犯罪或者其他严重危害社会的犯罪案件，根据侦查犯罪的需要，经过严格的批准手续，可以采取技术侦查措施。

人民检察院在立案后，对于利用职权实施的严重侵犯公民人身权利的重大犯罪案件，根据侦查犯罪的需要，经过严格的批准手续，可以采取技术侦查措施，按照规定交有关机关执行。

追捕被通缉或者批准、决定逮捕的在逃的犯罪嫌疑人、被告人，经过批准，可以采取追捕所必需的技术侦查措施。

第一百五十一条 批准决定应当根据侦查犯罪的需要，确定采取技术侦查措施的种类和适用对象。批准决定自签发之日起三个月以内有效。对于不需要继续采取技术侦查措施的，应当及时解除；对于复杂、疑难案件，期限届满仍有必要继续采取技术侦查措施的，经过批准，有效期可以延长，每次不得超过三个月。

第一百五十二条 采取技术侦查措施，必须严格按照批准的措施种类、适用对象和期限执行。

侦查人员对采取技术侦查措施过程中知悉的国家秘密、商业秘密和个人隐私，应当保密；对采取技术侦查措施获取的与案件无关的材料，必须及时销毁。

采取技术侦查措施获取的材料，只能用于对犯罪的侦查、起诉和审判，不得用于其他用途。

公安机关依法采取技术侦查措施，有关单位和个人应当配合，并对有关情况予以保密。

第一百五十三条 为了查明案情，在必要的时候，经公安机关负责人决定，可以由有关人员隐匿其身份实施侦查。但是，不得诱使他人犯罪，不得采用可能危害公共安全或者发生重大人身危险的方法。

对涉及给付毒品等违禁品或者财物的犯罪活动，公安机关根据侦查犯罪的需要，可以依照规定实施控制下交付。

第一百五十四条 依照本节规定采取侦查措施收集的材料在刑事诉讼中可以作为证据使用。如果使用该证据可能危及有关人员的人身安全，或者可能产生其他严重后果的，应当采取不暴露有关人员身份、技术方法等保护措施，必要的时候，可以由审判人员在庭外对证据进行核实。

第九节 通 缉

第一百五十五条 应当逮捕的犯罪嫌疑人如果在逃，公安机关可以发布通缉令，采取有效措施，追捕归案。

各级公安机关在自己管辖的地区以内，可以直接发布通缉令；超出自己管辖的地区，应当报请有权决定的上级机关发布。

第十节 侦查终结

第一百五十六条 对犯罪嫌疑人逮捕后的侦查羁押期限不得超过二个月。案情复杂、期限届满不能终结的案件，可以经上一级人民检察院批准延长一个月。

第一百五十七条 因为特殊原因，在较长时间内不宜交付审判的特别重大复杂的案件，由最高人民检察院报请全国人民代表大会常务委员会批准延期审理。

第一百五十八条 下列案件在本法第一百五十六条规定的期限届满不能侦查终结的，经省、自治区、直辖市人民检察院批准或者决定，可以延长二个月：

（一）交通十分不便的边远地区的重大复杂案件；

（二）重大的犯罪集团案件；

（三）流窜作案的重大复杂案件；

（四）犯罪涉及面广，取证困难的重大复杂案件。

第一百五十九条 对犯罪嫌疑人可能判处十年有期徒刑以上刑罚，依照本法第一百五十八条规定延长期限届满，仍不能侦查终结的，经省、自治区、直辖市人民检察院批准或者决定，可以再延长二个月。

第一百六十条 在侦查期间，发现犯罪嫌疑人另有重要罪行的，自发现之日起依照本法第一百五十六条的规定重新计算侦查羁押期限。

犯罪嫌疑人不讲真实姓名、住址，身份不明的，应当对其身份进行调查，侦查羁押期限自查清其身份之日起计算，但是不得停止对其犯罪行为的侦查取证。对于犯罪事实清楚，证据确实、充分，确实无法查明其身份的，也可以按其自报的姓名起诉、审判。

第一百六十一条 在案件侦查终结前，辩护律师提出要求的，侦查机关应当听取辩护律师的意见，并记录在案。辩护律师提出书面意见的，应当附卷。

第一百六十二条 公安机关侦查终结的案件，应当做到犯罪事实清楚，证据确实、充分，并且写出起诉意见书，连同案卷材料、证据一并移送同级人民检察院审查决定；同时将案件移送情况告知犯罪嫌疑人及其辩护律师。

犯罪嫌疑人自愿认罪的，应当记录在案，随案移送，并在起诉意见书中写明有关情况。

第一百六十三条 在侦查过程中，发现不应对犯罪嫌疑人追究刑事责任的，应当撤销案件；犯罪嫌疑人已被逮捕的，应当立即释放，发给释放证明，并且通知原批准逮捕的人民检察院。

第十一节 人民检察院对直接受理的案件的侦查

第一百六十四条 人民检察院对直接受理的案件的侦查适用本章规定。

第一百六十五条 人民检察院直接受理的案件中符合本法第八十一条、第八十二条第四项、第五项规定情形，需要逮捕、拘留犯罪嫌疑人的，由人民检察院作出决定，由公安机关执行。

第一百六十六条 人民检察院对直接受理的案件中被拘留的人，应当在拘留后的二十四小时以内进行讯问。在发现不应当拘留的时候，必须立即释放，发给释放证明。

第一百六十七条 人民检察院对直接受理的案件中被拘留的人，认为需要逮捕的，应当在十四日以内作出决定。在特殊情况下，决定逮捕的时间可以延长一日至三日。对不需要逮捕的，应当立即释放；对需要继续侦查，并且符合取保候审、监视居住条件的，依法取保候审或者监视居住。

第一百六十八条 人民检察院侦查终结的案件，应当作出提起公诉、不起诉或者撤销案件的决定。

第三章 提起公诉

第一百六十九条 凡需要提起公诉的案件，一律由人民检察院审查决定。

第一百七十条 人民检察院对于监察机关移送起诉的案件，依照本法和监察法的有关规定进行审查。人民检察院经审查，认为需要补充核实的，应当退回监察机关补充调查，必要时可以自行补充侦查。

对于监察机关移送起诉的已采取留置措施的案件，人民检察院应当对犯罪嫌疑人先行拘留，留置措施自动解除。人民检察院应当在拘留后的十日以内作出是否逮捕、取保候审或者监视居住的决定。在特殊情况下，决定的时间可以延长一日至四日。人民检察院决定采取强制措施的期间不计入审查起诉期限。

第一百七十一条 人民检察院审查案件的时候，必须查明：

（一）犯罪事实、情节是否清楚，证据是否确实、充分，犯罪性质和罪名的认定是否正确；

（二）有无遗漏罪行和其他应当追究刑事责任的人；

（三）是否属于不应追究刑事责任的；

（四）有无附带民事诉讼；

（五）侦查活动是否合法。

第一百七十二条 人民检察院对于监察机关、公安机关移送起诉的案件，应当在一个月以内作出决定，重大、复杂的案件，可以延长十五日；犯罪嫌疑人认罪认罚，符合速裁程序适用条件的，应当在十日以内作出决定，对可能判处的有期徒刑超过一年的，可以延长至十五日。

人民检察院审查起诉的案件，改变管辖的，从改变后的人民检察院收到案件之日起计算审查起诉期限。

第一百七十三条 人民检察院审查案件，应当讯问犯罪嫌疑人，听取辩护人或者值班律师、被害人及其诉讼代理人的意见，并记录在案。辩护人或者值班律师、被害人及其诉讼代理人提出书面意见的，应当附卷。

犯罪嫌疑人认罪认罚的，人民检察院应当告知其享有的诉讼权利和认罪认罚的法律规定，听取犯罪嫌疑人、辩护人或者值班律师、被害人及其诉讼代理人对下列事项的意见，并记录在案：

（一）涉嫌的犯罪事实、罪名及适用的法律规定；

（二）从轻、减轻或者免除处罚等从宽处罚的建议；

（三）认罪认罚后案件审理适用的程序；

（四）其他需要听取意见的事项。

人民检察院依照前两款规定听取值班律师意见的，应当提前为值班律师了解案件有关情况提供必要的便利。

第一百七十四条　犯罪嫌疑人自愿认罪，同意量刑建议和程序适用的，应当在辩护人或者值班律师在场的情况下签署认罪认罚具结书。

犯罪嫌疑人认罪认罚，有下列情形之一的，不需要签署认罪认罚具结书：

（一）犯罪嫌疑人是盲、聋、哑人，或者是尚未完全丧失辨认或者控制自己行为能力的精神病人的；

（二）未成年犯罪嫌疑人的法定代理人、辩护人对未成年人认罪认罚有异议的；

（三）其他不需要签署认罪认罚具结书的情形。

第一百七十五条　人民检察院审查案件，可以要求公安机关提供法庭审判所必需的证据材料；认为可能存在本法第五十六条规定的以非法方法收集证据情形的，可以要求其对证据收集的合法性作出说明。

人民检察院审查案件，对于需要补充侦查的，可以退回公安机关补充侦查，也可以自行侦查。

对于补充侦查的案件，应当在一个月以内补充侦查完毕。补充侦查以二次为限。补充侦查完毕移送人民检察院后，人民检察院重新计算审查起诉期限。

对于二次补充侦查的案件，人民检察院仍然认为证据不足，不符合起诉条件的，应当作出不起诉的决定。

第一百七十六条 人民检察院认为犯罪嫌疑人的犯罪事实已经查清，证据确实、充分，依法应当追究刑事责任的，应当作出起诉决定，按照审判管辖的规定，向人民法院提起公诉，并将案卷材料、证据移送人民法院。

犯罪嫌疑人认罪认罚的，人民检察院应当就主刑、附加刑、是否适用缓刑等提出量刑建议，并随案移送认罪认罚具结书等材料。

第一百七十七条 犯罪嫌疑人没有犯罪事实，或者有本法第十六条规定的情形之一的，人民检察院应当作出不起诉决定。

对于犯罪情节轻微，依照刑法规定不需要判处刑罚或者免除刑罚的，人民检察院可以作出不起诉决定。

人民检察院决定不起诉的案件，应当同时对侦查中查封、扣押、冻结的财物解除查封、扣押、冻结。对被不起诉人需要给予行政处罚、处分或者需要没收其违法所得的，人民检察院应当提出检察意见，移送有关主管机关处理。有关主管机关应当将处理结果及时通知人民检察院。

第一百七十八条 不起诉的决定，应当公开宣布，并且将不起诉决定书送达被不起诉人和他的所在单位。如果被不起诉人在押，应当立即释放。

第一百七十九条 对于公安机关移送起诉的案件，人民检察院决定不起诉的，应当将不起诉决定书送达公安机关。公安机关认为不起诉的决定有错误的时候，可以要求复议，如果意见不被接受，可以向上一级人民检察院提请复核。

第一百八十条 对于有被害人的案件，决定不起诉的，人民检察院应当将不起诉决定书送达被害人。被害人如果不服，可以自收到决定书后七日以内向上一级人民检察院申诉，请求提起公诉。人民检察院应当将复查决定告知被害人。对人民检察院维持不起诉决定的，被害人可以向人民法院起诉。被害人也可以不经申诉，直接向人民法院起诉。人民法院受理案件后，人民检察院应当将有关案件材料移送人民法院。

第一百八十一条 对于人民检察院依照本法第一百七十七条

第二款规定作出的不起诉决定，被不起诉人如果不服，可以自收到决定书后七日以内向人民检察院申诉。人民检察院应当作出复查决定，通知被不起诉的人，同时抄送公安机关。

第一百八十二条 犯罪嫌疑人自愿如实供述涉嫌犯罪的事实，有重大立功或者案件涉及国家重大利益的，经最高人民检察院核准，公安机关可以撤销案件，人民检察院可以作出不起诉决定，也可以对涉嫌数罪中的一项或者多项不起诉。

根据前款规定不起诉或者撤销案件的，人民检察院、公安机关应当及时对查封、扣押、冻结的财物及其孳息作出处理。

第三编　审　　判

第一章　审判组织

第一百八十三条 基层人民法院、中级人民法院审判第一审案件，应当由审判员三人或者由审判员和人民陪审员共三人或者七人组成合议庭进行，但是基层人民法院适用简易程序、速裁程序的案件可以由审判员一人独任审判。

高级人民法院审判第一审案件，应当由审判员三人至七人或者由审判员和人民陪审员共三人或者七人组成合议庭进行。

最高人民法院审判第一审案件，应当由审判员三人至七人组成合议庭进行。

人民法院审判上诉和抗诉案件，由审判员三人或者五人组成合议庭进行。

合议庭的成员人数应当是单数。

第一百八十四条 合议庭进行评议的时候，如果意见分歧，应当按多数人的意见作出决定，但是少数人的意见应当写入笔录。评议笔录由合议庭的组成人员签名。

第一百八十五条 合议庭开庭审理并且评议后，应当作出判决。对于疑难、复杂、重大的案件，合议庭认为难以作出决定的，由合议庭提请院长决定提交审判委员会讨论决定。审判委员会的决定，合议庭应当执行。

第二章　第一审程序

第一节　公诉案件

第一百八十六条　人民法院对提起公诉的案件进行审查后，对于起诉书中有明确的指控犯罪事实的，应当决定开庭审判。

第一百八十七条　人民法院决定开庭审判后，应当确定合议庭的组成人员，将人民检察院的起诉书副本至迟在开庭十日以前送达被告人及其辩护人。

在开庭以前，审判人员可以召集公诉人、当事人和辩护人、诉讼代理人，对回避、出庭证人名单、非法证据排除等与审判相关的问题，了解情况，听取意见。

人民法院确定开庭日期后，应当将开庭的时间、地点通知人民检察院，传唤当事人，通知辩护人、诉讼代理人、证人、鉴定人和翻译人员，传票和通知书至迟在开庭三日以前送达。公开审判的案件，应当在开庭三日以前先期公布案由、被告人姓名、开庭时间和地点。

上述活动情形应当写入笔录，由审判人员和书记员签名。

第一百八十八条　人民法院审判第一审案件应当公开进行。但是有关国家秘密或者个人隐私的案件，不公开审理；涉及商业秘密的案件，当事人申请不公开审理的，可以不公开审理。

不公开审理的案件，应当当庭宣布不公开审理的理由。

第一百八十九条　人民法院审判公诉案件，人民检察院应当派员出席法庭支持公诉。

第一百九十条　开庭的时候，审判长查明当事人是否到庭，宣布案由；宣布合议庭的组成人员、书记员、公诉人、辩护人、诉讼代理人、鉴定人和翻译人员的名单；告知当事人有权对合议庭组成人员、书记员、公诉人、鉴定人和翻译人员申请回避；告知被告人享有辩护权利。

被告人认罪认罚的，审判长应当告知被告人享有的诉讼权利和认罪认罚的法律规定，审查认罪认罚的自愿性和认罪认罚具结书内容的真实性、合法性。

第一百九十一条 公诉人在法庭上宣读起诉书后，被告人、被害人可以就起诉书指控的犯罪进行陈述，公诉人可以讯问被告人。

被害人、附带民事诉讼的原告人和辩护人、诉讼代理人，经审判长许可，可以向被告人发问。

审判人员可以讯问被告人。

第一百九十二条 公诉人、当事人或者辩护人、诉讼代理人对证人证言有异议，且该证人证言对案件定罪量刑有重大影响，人民法院认为证人有必要出庭作证的，证人应当出庭作证。

人民警察就其执行职务时目击的犯罪情况作为证人出庭作证，适用前款规定。

公诉人、当事人或者辩护人、诉讼代理人对鉴定意见有异议，人民法院认为鉴定人有必要出庭的，鉴定人应当出庭作证。经人民法院通知，鉴定人拒不出庭作证的，鉴定意见不得作为定案的根据。

第一百九十三条 经人民法院通知，证人没有正当理由不出庭作证的，人民法院可以强制其到庭，但是被告人的配偶、父母、子女除外。

证人没有正当理由拒绝出庭或者出庭后拒绝作证的，予以训诫，情节严重的，经院长批准，处以十日以下的拘留。被处罚人对拘留决定不服的，可以向上一级人民法院申请复议。复议期间不停止执行。

第一百九十四条 证人作证，审判人员应当告知他要如实地提供证言和有意作伪证或者隐匿罪证要负的法律责任。公诉人、当事人和辩护人、诉讼代理人经审判长许可，可以对证人、鉴定人发问。审判长认为发问的内容与案件无关的时候，应当制止。

审判人员可以询问证人、鉴定人。

第一百九十五条 公诉人、辩护人应当向法庭出示物证，让当事人辨认，对未到庭的证人的证言笔录、鉴定人的鉴定意见、勘验笔录和其他作为证据的文书，应当当庭宣读。审判人员应当听取公诉人、当事人和辩护人、诉讼代理人的意见。

第一百九十六条 法庭审理过程中，合议庭对证据有疑问的，可以宣布休庭，对证据进行调查核实。

人民法院调查核实证据，可以进行勘验、检查、查封、扣押、鉴定和查询、冻结。

第一百九十七条 法庭审理过程中，当事人和辩护人、诉讼代理人有权申请通知新的证人到庭，调取新的物证，申请重新鉴定或者勘验。

公诉人、当事人和辩护人、诉讼代理人可以申请法庭通知有专门知识的人出庭，就鉴定人作出的鉴定意见提出意见。

法庭对于上述申请，应当作出是否同意的决定。

第二款规定的有专门知识的人出庭，适用鉴定人的有关规定。

第一百九十八条 法庭审理过程中，对与定罪、量刑有关的事实、证据都应当进行调查、辩论。

经审判长许可，公诉人、当事人和辩护人、诉讼代理人可以对证据和案件情况发表意见并且可以互相辩论。

审判长在宣布辩论终结后，被告人有最后陈述的权利。

第一百九十九条 在法庭审判过程中，如果诉讼参与人或者旁听人员违反法庭秩序，审判长应当警告制止。对不听制止的，可以强行带出法庭；情节严重的，处以一千元以下的罚款或者十五日以下的拘留。罚款、拘留必须经院长批准。被处罚人对罚款、拘留的决定不服的，可以向上一级人民法院申请复议。复议期间不停止执行。

对聚众哄闹、冲击法庭或者侮辱、诽谤、威胁、殴打司法工作人员或者诉讼参与人，严重扰乱法庭秩序，构成犯罪的，依法追究刑事责任。

第二百条 在被告人最后陈述后，审判长宣布休庭，合议庭进行评议，根据已经查明的事实、证据和有关的法律规定，分别作出以下判决：

（一）案件事实清楚，证据确实、充分，依据法律认定被告人有罪的，应当作出有罪判决；

（二）依据法律认定被告人无罪的，应当作出无罪判决；

（三）证据不足，不能认定被告人有罪的，应当作出证据不足、指控的犯罪不能成立的无罪判决。

第二百零一条 对于认罪认罚案件，人民法院依法作出判决时，一般应当采纳人民检察院指控的罪名和量刑建议，但有下列情形的除外：

（一）被告人的行为不构成犯罪或者不应当追究其刑事责任的；

（二）被告人违背意愿认罪认罚的；

（三）被告人否认指控的犯罪事实的；

（四）起诉指控的罪名与审理认定的罪名不一致的；

（五）其他可能影响公正审判的情形。

人民法院经审理认为量刑建议明显不当，或者被告人、辩护人对量刑建议提出异议的，人民检察院可以调整量刑建议。人民检察院不调整量刑建议或者调整量刑建议后仍然明显不当的，人民法院应当依法作出判决。

第二百零二条 宣告判决，一律公开进行。

当庭宣告判决的，应当在五日以内将判决书送达当事人和提起公诉的人民检察院；定期宣告判决的，应当在宣告后立即将判决书送达当事人和提起公诉的人民检察院。判决书应当同时送达辩护人、诉讼代理人。

第二百零三条 判决书应当由审判人员和书记员署名，并且写明上诉的期限和上诉的法院。

第二百零四条 在法庭审判过程中，遇有下列情形之一，影响审判进行的，可以延期审理：

（一）需要通知新的证人到庭，调取新的物证，重新鉴定或者勘验的；

（二）检察人员发现提起公诉的案件需要补充侦查，提出建议的；

（三）由于申请回避而不能进行审判的。

第二百零五条 依照本法第二百零四条第二项的规定延期审理的案件，人民检察院应当在一个月以内补充侦查完毕。

第二百零六条 在审判过程中，有下列情形之一，致使案件在较长时间内无法继续审理的，可以中止审理：

（一）被告人患有严重疾病，无法出庭的；

（二）被告人脱逃的；

（三）自诉人患有严重疾病，无法出庭，未委托诉讼代理人出庭的；

（四）由于不能抗拒的原因。

中止审理的原因消失后，应当恢复审理。中止审理的期间不计入审理期限。

第二百零七条 法庭审判的全部活动，应当由书记员写成笔录，经审判长审阅后，由审判长和书记员签名。

法庭笔录中的证人证言部分，应当当庭宣读或者交给证人阅读。证人在承认没有错误后，应当签名或者盖章。

法庭笔录应当交给当事人阅读或者向他宣读。当事人认为记载有遗漏或者差错的，可以请求补充或者改正。当事人承认没有错误后，应当签名或者盖章。

第二百零八条 人民法院审理公诉案件，应当在受理后二个月以内宣判，至迟不得超过三个月。对于可能判处死刑的案件或者附带民事诉讼的案件，以及有本法第一百五十八条规定情形之一的，经上一级人民法院批准，可以延长三个月；因特殊情况还需要延长的，报请最高人民法院批准。

人民法院改变管辖的案件，从改变后的人民法院收到案件之日起计算审理期限。

人民检察院补充侦查的案件，补充侦查完毕移送人民法院后，人民法院重新计算审理期限。

第二百零九条 人民检察院发现人民法院审理案件违反法律

规定的诉讼程序，有权向人民法院提出纠正意见。

第二节　自诉案件

第二百一十条　自诉案件包括下列案件：

（一）告诉才处理的案件；

（二）被害人有证据证明的轻微刑事案件；

（三）被害人有证据证明对被告人侵犯自己人身、财产权利的行为应当依法追究刑事责任，而公安机关或者人民检察院不予追究被告人刑事责任的案件。

第二百一十一条　人民法院对于自诉案件进行审查后，按照下列情形分别处理：

（一）犯罪事实清楚，有足够证据的案件，应当开庭审判；

（二）缺乏罪证的自诉案件，如果自诉人提不出补充证据，应当说服自诉人撤回自诉，或者裁定驳回。

自诉人经两次依法传唤，无正当理由拒不到庭的，或者未经法庭许可中途退庭的，按撤诉处理。

法庭审理过程中，审判人员对证据有疑问，需要调查核实的，适用本法第一百九十六条的规定。

第二百一十二条　人民法院对自诉案件，可以进行调解；自诉人在宣告判决前，可以同被告人自行和解或者撤回自诉。本法第二百一十条第三项规定的案件不适用调解。

人民法院审理自诉案件的期限，被告人被羁押的，适用本法第二百零八条第一款、第二款的规定；未被羁押的，应当在受理后六个月以内宣判。

第二百一十三条　自诉案件的被告人在诉讼过程中，可以对自诉人提起反诉。反诉适用自诉的规定。

第三节　简易程序

第二百一十四条　基层人民法院管辖的案件，符合下列条件的，可以适用简易程序审判：

（一）案件事实清楚、证据充分的；

（二）被告人承认自己所犯罪行，对指控的犯罪事实没有异议的；

（三）被告人对适用简易程序没有异议的。

人民检察院在提起公诉的时候，可以建议人民法院适用简易程序。

第二百一十五条 有下列情形之一的，不适用简易程序：

（一）被告人是盲、聋、哑人，或者是尚未完全丧失辨认或者控制自己行为能力的精神病人的；

（二）有重大社会影响的；

（三）共同犯罪案件中部分被告人不认罪或者对适用简易程序有异议的；

（四）其他不宜适用简易程序审理的。

第二百一十六条 适用简易程序审理案件，对可能判处三年有期徒刑以下刑罚的，可以组成合议庭进行审判，也可以由审判员一人独任审判；对可能判处的有期徒刑超过三年的，应当组成合议庭进行审判。

适用简易程序审理公诉案件，人民检察院应当派员出席法庭。

第二百一十七条 适用简易程序审理案件，审判人员应当询问被告人对指控的犯罪事实的意见，告知被告人适用简易程序审理的法律规定，确认被告人是否同意适用简易程序审理。

第二百一十八条 适用简易程序审理案件，经审判人员许可，被告人及其辩护人可以同公诉人、自诉人及其诉讼代理人互相辩论。

第二百一十九条 适用简易程序审理案件，不受本章第一节关于送达期限、讯问被告人、询问证人、鉴定人、出示证据、法庭辩论程序规定的限制。但在判决宣告前应当听取被告人的最后陈述意见。

第二百二十条 适用简易程序审理案件，人民法院应当在受理后二十日以内审结；对可能判处的有期徒刑超过三年的，可以延长至一个半月。

第二百二十一条　人民法院在审理过程中，发现不宜适用简易程序的，应当按照本章第一节或者第二节的规定重新审理。

第四节　速裁程序

第二百二十二条　基层人民法院管辖的可能判处三年有期徒刑以下刑罚的案件，案件事实清楚，证据确实、充分，被告人认罪认罚并同意适用速裁程序的，可以适用速裁程序，由审判员一人独任审判。

人民检察院在提起公诉的时候，可以建议人民法院适用速裁程序。

第二百二十三条　有下列情形之一的，不适用速裁程序：

（一）被告人是盲、聋、哑人，或者是尚未完全丧失辨认或者控制自己行为能力的精神病人的；

（二）被告人是未成年人的；

（三）案件有重大社会影响的；

（四）共同犯罪案件中部分被告人对指控的犯罪事实、罪名、量刑建议或者适用速裁程序有异议的；

（五）被告人与被害人或者其法定代理人没有就附带民事诉讼赔偿等事项达成调解或者和解协议的；

（六）其他不宜适用速裁程序审理的。

第二百二十四条　适用速裁程序审理案件，不受本章第一节规定的送达期限的限制，一般不进行法庭调查、法庭辩论，但在判决宣告前应当听取辩护人的意见和被告人的最后陈述意见。

适用速裁程序审理案件，应当当庭宣判。

第二百二十五条　适用速裁程序审理案件，人民法院应当在受理后十日以内审结；对可能判处的有期徒刑超过一年的，可以延长至十五日。

第二百二十六条　人民法院在审理过程中，发现有被告人的行为不构成犯罪或者不应当追究其刑事责任、被告人违背意愿认罪认罚、被告人否认指控的犯罪事实或者其他不宜适用速裁程序审理的情形的，应当按照本章第一节或者第三节的规定重新审理。

第三章 第二审程序

第二百二十七条 被告人、自诉人和他们的法定代理人，不服地方各级人民法院第一审的判决、裁定，有权用书状或者口头向上一级人民法院上诉。被告人的辩护人和近亲属，经被告人同意，可以提出上诉。

附带民事诉讼的当事人和他们的法定代理人，可以对地方各级人民法院第一审的判决、裁定中的附带民事诉讼部分，提出上诉。

对被告人的上诉权，不得以任何借口加以剥夺。

第二百二十八条 地方各级人民检察院认为本级人民法院第一审的判决、裁定确有错误的时候，应当向上一级人民法院提出抗诉。

第二百二十九条 被害人及其法定代理人不服地方各级人民法院第一审的判决的，自收到判决书后五日以内，有权请求人民检察院提出抗诉。人民检察院自收到被害人及其法定代理人的请求后五日以内，应当作出是否抗诉的决定并且答复请求人。

第二百三十条 不服判决的上诉和抗诉的期限为十日，不服裁定的上诉和抗诉的期限为五日，从接到判决书、裁定书的第二日起算。

第二百三十一条 被告人、自诉人、附带民事诉讼的原告人和被告人通过原审人民法院提出上诉的，原审人民法院应当在三日以内将上诉状连同案卷、证据移送上一级人民法院，同时将上诉状副本送交同级人民检察院和对方当事人。

被告人、自诉人、附带民事诉讼的原告人和被告人直接向第二审人民法院提出上诉的，第二审人民法院应当在三日以内将上诉状交原审人民法院送交同级人民检察院和对方当事人。

第二百三十二条 地方各级人民检察院对同级人民法院第一审判决、裁定的抗诉，应当通过原审人民法院提出抗诉书，并且将抗诉书抄送上一级人民检察院。原审人民法院应当将抗诉书连同案卷、证据移送上一级人民法院，并且将抗诉书副本送交当事人。

上级人民检察院如果认为抗诉不当，可以向同级人民法院撤回抗诉，并且通知下级人民检察院。

第二百三十三条 第二审人民法院应当就第一审判决认定的事实和适用法律进行全面审查，不受上诉或者抗诉范围的限制。

共同犯罪的案件只有部分被告人上诉的，应当对全案进行审查，一并处理。

第二百三十四条 第二审人民法院对于下列案件，应当组成合议庭，开庭审理：

（一）被告人、自诉人及其法定代理人对第一审认定的事实、证据提出异议，可能影响定罪量刑的上诉案件；

（二）被告人被判处死刑的上诉案件；

（三）人民检察院抗诉的案件；

（四）其他应当开庭审理的案件。

第二审人民法院决定不开庭审理的，应当讯问被告人，听取其他当事人、辩护人、诉讼代理人的意见。

第二审人民法院开庭审理上诉、抗诉案件，可以到案件发生地或者原审人民法院所在地进行。

第二百三十五条 人民检察院提出抗诉的案件或者第二审人民法院开庭审理的公诉案件，同级人民检察院都应当派员出席法庭。第二审人民法院应当在决定开庭审理后及时通知人民检察院查阅案卷。人民检察院应当在一个月以内查阅完毕。人民检察院查阅案卷的时间不计入审理期限。

第二百三十六条 第二审人民法院对不服第一审判决的上诉、抗诉案件，经过审理后，应当按照下列情形分别处理：

（一）原判决认定事实和适用法律正确、量刑适当的，应当裁定驳回上诉或者抗诉，维持原判；

（二）原判决认定事实没有错误，但适用法律有错误，或者量刑不当的，应当改判；

（三）原判决事实不清楚或者证据不足的，可以在查清事实后改判；也可以裁定撤销原判，发回原审人民法院重新审判。

原审人民法院对于依照前款第三项规定发回重新审判的案件作出判决后，被告人提出上诉或者人民检察院提出抗诉的，第二审人民法院应当依法作出判决或者裁定，不得再发回原审人民法院重新审判。

第二百三十七条 第二审人民法院审理被告人或者他的法定代理人、辩护人、近亲属上诉的案件，不得加重被告人的刑罚。第二审人民法院发回原审人民法院重新审判的案件，除有新的犯罪事实，人民检察院补充起诉的以外，原审人民法院也不得加重被告人的刑罚。

人民检察院提出抗诉或者自诉人提出上诉的，不受前款规定的限制。

第二百三十八条 第二审人民法院发现第一审人民法院的审理有下列违反法律规定的诉讼程序的情形之一的，应当裁定撤销原判，发回原审人民法院重新审判：

（一）违反本法有关公开审判的规定的；

（二）违反回避制度的；

（三）剥夺或者限制了当事人的法定诉讼权利，可能影响公正审判的；

（四）审判组织的组成不合法的；

（五）其他违反法律规定的诉讼程序，可能影响公正审判的。

第二百三十九条 原审人民法院对于发回重新审判的案件，应当另行组成合议庭，依照第一审程序进行审判。对于重新审判后的判决，依照本法第二百二十七条、第二百二十八条、第二百二十九条的规定可以上诉、抗诉。

第二百四十条 第二审人民法院对不服第一审裁定的上诉或者抗诉，经过审查后，应当参照本法第二百三十六条、第二百三十八条和第二百三十九条的规定，分别情形用裁定驳回上诉、抗诉，或者撤销、变更原裁定。

第二百四十一条 第二审人民法院发回原审人民法院重新审

判的案件，原审人民法院从收到发回的案件之日起，重新计算审理期限。

第二百四十二条 第二审人民法院审判上诉或者抗诉案件的程序，除本章已有规定的以外，参照第一审程序的规定进行。

第二百四十三条 第二审人民法院受理上诉、抗诉案件，应当在二个月以内审结。对于可能判处死刑的案件或者附带民事诉讼的案件，以及有本法第一百五十八条规定情形之一的，经省、自治区、直辖市高级人民法院批准或者决定，可以延长二个月；因特殊情况还需要延长的，报请最高人民法院批准。

最高人民法院受理上诉、抗诉案件的审理期限，由最高人民法院决定。

第二百四十四条 第二审的判决、裁定和最高人民法院的判决、裁定，都是终审的判决、裁定。

第二百四十五条 公安机关、人民检察院和人民法院对查封、扣押、冻结的犯罪嫌疑人、被告人的财物及其孳息，应当妥善保管，以供核查，并制作清单，随案移送。任何单位和个人不得挪用或者自行处理。对被害人的合法财产，应当及时返还。对违禁品或者不宜长期保存的物品，应当依照国家有关规定处理。

对作为证据使用的实物应当随案移送，对不宜移送的，应当将其清单、照片或者其他证明文件随案移送。

人民法院作出的判决，应当对查封、扣押、冻结的财物及其孳息作出处理。

人民法院作出的判决生效以后，有关机关应当根据判决对查封、扣押、冻结的财物及其孳息进行处理。对查封、扣押、冻结的赃款赃物及其孳息，除依法返还被害人的以外，一律上缴国库。

司法工作人员贪污、挪用或者私自处理查封、扣押、冻结的财物及其孳息的，依法追究刑事责任；不构成犯罪的，给予处分。

第四章　死刑复核程序

第二百四十六条　死刑由最高人民法院核准。

第二百四十七条　中级人民法院判处死刑的第一审案件，被告人不上诉的，应当由高级人民法院复核后，报请最高人民法院核准。高级人民法院不同意判处死刑的，可以提审或者发回重新审判。

高级人民法院判处死刑的第一审案件被告人不上诉的，和判处死刑的第二审案件，都应当报请最高人民法院核准。

第二百四十八条　中级人民法院判处死刑缓期二年执行的案件，由高级人民法院核准。

第二百四十九条　最高人民法院复核死刑案件，高级人民法院复核死刑缓期执行的案件，应当由审判员三人组成合议庭进行。

第二百五十条　最高人民法院复核死刑案件，应当作出核准或者不核准死刑的裁定。对于不核准死刑的，最高人民法院可以发回重新审判或者予以改判。

第二百五十一条　最高人民法院复核死刑案件，应当讯问被告人，辩护律师提出要求的，应当听取辩护律师的意见。

在复核死刑案件过程中，最高人民检察院可以向最高人民法院提出意见。最高人民法院应当将死刑复核结果通报最高人民检察院。

第五章　审判监督程序

第二百五十二条　当事人及其法定代理人、近亲属，对已经发生法律效力的判决、裁定，可以向人民法院或者人民检察院提出申诉，但是不能停止判决、裁定的执行。

第二百五十三条　当事人及其法定代理人、近亲属的申诉符合下列情形之一的，人民法院应当重新审判：

（一）有新的证据证明原判决、裁定认定的事实确有错误，可能影响定罪量刑的；

（二）据以定罪量刑的证据不确实、不充分、依法应当予以排除，或者证明案件事实的主要证据之间存在矛盾的；

（三）原判决、裁定适用法律确有错误的；

（四）违反法律规定的诉讼程序，可能影响公正审判的；

（五）审判人员在审理该案件的时候，有贪污受贿，徇私舞弊，枉法裁判行为的。

第二百五十四条 各级人民法院院长对本院已经发生法律效力的判决和裁定，如果发现在认定事实上或者在适用法律上确有错误，必须提交审判委员会处理。

最高人民法院对各级人民法院已经发生法律效力的判决和裁定，上级人民法院对下级人民法院已经发生法律效力的判决和裁定，如果发现确有错误，有权提审或者指令下级人民法院再审。

最高人民检察院对各级人民法院已经发生法律效力的判决和裁定，上级人民检察院对下级人民法院已经发生法律效力的判决和裁定，如果发现确有错误，有权按照审判监督程序向同级人民法院提出抗诉。

人民检察院抗诉的案件，接受抗诉的人民法院应当组成合议庭重新审理，对于原判决事实不清楚或者证据不足的，可以指令下级人民法院再审。

第二百五十五条 上级人民法院指令下级人民法院再审的，应当指令原审人民法院以外的下级人民法院审理；由原审人民法院审理更为适宜的，也可以指令原审人民法院审理。

第二百五十六条 人民法院按照审判监督程序重新审判的案件，由原审人民法院审理的，应当另行组成合议庭进行。如果原来是第一审案件，应当依照第一审程序进行审判，所作的判决、裁定，可以上诉、抗诉；如果原来是第二审案件，或者是上级人民法院提审的案件，应当依照第二审程序进行审判，所作的判决、裁定，是终审的判决、裁定。

人民法院开庭审理的再审案件，同级人民检察院应当派员出席法庭。

第二百五十七条 人民法院决定再审的案件，需要对被告人采取强制措施的，由人民法院依法决定；人民检察院提出抗诉的再审案件，需要对被告人采取强制措施的，由人民检察院依法决定。

人民法院按照审判监督程序审判的案件，可以决定中止原判决、裁定的执行。

第二百五十八条 人民法院按照审判监督程序重新审判的案件，应当在作出提审、再审决定之日起三个月以内审结，需要延长期限的，不得超过六个月。

接受抗诉的人民法院按照审判监督程序审判抗诉的案件，审理期限适用前款规定；对需要指令下级人民法院再审的，应当自接受抗诉之日起一个月以内作出决定，下级人民法院审理案件的期限适用前款规定。

第四编　执　　行

第二百五十九条 判决和裁定在发生法律效力后执行。

下列判决和裁定是发生法律效力的判决和裁定：

（一）已过法定期限没有上诉、抗诉的判决和裁定；

（二）终审的判决和裁定；

（三）最高人民法院核准的死刑的判决和高级人民法院核准的死刑缓期二年执行的判决。

第二百六十条 第一审人民法院判决被告人无罪、免除刑事处罚的，如果被告人在押，在宣判后应当立即释放。

第二百六十一条 最高人民法院判处和核准的死刑立即执行的判决，应当由最高人民法院院长签发执行死刑的命令。

被判处死刑缓期二年执行的罪犯，在死刑缓期执行期间，如果没有故意犯罪，死刑缓期执行期满，应当予以减刑的，由执行机关提出书面意见，报请高级人民法院裁定；如果故意犯罪，情节恶劣，查证属实，应当执行死刑的，由高级人民法院报请最高人民法院核准；对于故意犯罪未执行死刑的，死刑缓期执行的期间重新计算，并报最高人民法院备案。

第二百六十二条 下级人民法院接到最高人民法院执行死刑的命令后，应当在七日以内交付执行。但是发现有下列情形之一的，应当停止执行，并且立即报告最高人民法院，由最高人民法院作出裁定：

（一）在执行前发现判决可能有错误的；

（二）在执行前罪犯揭发重大犯罪事实或者有其他重大立功表现，可能需要改判的；

（三）罪犯正在怀孕。

前款第一项、第二项停止执行的原因消失后，必须报请最高人民法院院长再签发执行死刑的命令才能执行；由于前款第三项原因停止执行的，应当报请最高人民法院依法改判。

第二百六十三条 人民法院在交付执行死刑前，应当通知同级人民检察院派员临场监督。

死刑采用枪决或者注射等方法执行。

死刑可以在刑场或者指定的羁押场所内执行。

指挥执行的审判人员，对罪犯应当验明正身，讯问有无遗言、信札，然后交付执行人员执行死刑。在执行前，如果发现可能有错误，应当暂停执行，报请最高人民法院裁定。

执行死刑应当公布，不应示众。

执行死刑后，在场书记员应当写成笔录。交付执行的人民法院应当将执行死刑情况报告最高人民法院。

执行死刑后，交付执行的人民法院应当通知罪犯家属。

第二百六十四条 罪犯被交付执行刑罚的时候，应当由交付执行的人民法院在判决生效后十日以内将有关的法律文书送达公安机关、监狱或者其他执行机关。

对被判处死刑缓期二年执行、无期徒刑、有期徒刑的罪犯，由公安机关依法将该罪犯送交监狱执行刑罚。对被判处有期徒刑的罪犯，在被交付执行刑罚前，剩余刑期在三个月以下的，由看守所代为执行。对被判处拘役的罪犯，由公安机关执行。

对未成年犯应当在未成年犯管教所执行刑罚。

执行机关应当将罪犯及时收押，并且通知罪犯家属。

判处有期徒刑、拘役的罪犯，执行期满，应当由执行机关发给释放证明书。

第二百六十五条　对被判处有期徒刑或者拘役的罪犯，有下列情形之一的，可以暂予监外执行：

（一）有严重疾病需要保外就医的；

（二）怀孕或者正在哺乳自己婴儿的妇女；

（三）生活不能自理，适用暂予监外执行不致危害社会的。

对被判处无期徒刑的罪犯，有前款第二项规定情形的，可以暂予监外执行。

对适用保外就医可能有社会危险性的罪犯，或者自伤自残的罪犯，不得保外就医。

对罪犯确有严重疾病，必须保外就医的，由省级人民政府指定的医院诊断并开具证明文件。

在交付执行前，暂予监外执行由交付执行的人民法院决定；在交付执行后，暂予监外执行由监狱或者看守所提出书面意见，报省级以上监狱管理机关或者设区的市一级以上公安机关批准。

第二百六十六条　监狱、看守所提出暂予监外执行的书面意见的，应当将书面意见的副本抄送人民检察院。人民检察院可以向决定或者批准机关提出书面意见。

第二百六十七条　决定或者批准暂予监外执行的机关应当将暂予监外执行决定抄送人民检察院。人民检察院认为暂予监外执行不当的，应当自接到通知之日起一个月以内将书面意见送交决定或者批准暂予监外执行的机关，决定或者批准暂予监外执行的机关接到人民检察院的书面意见后，应当立即对该决定进行重新核查。

第二百六十八条　对暂予监外执行的罪犯，有下列情形之一的，应当及时收监：

（一）发现不符合暂予监外执行条件的；

（二）严重违反有关暂予监外执行监督管理规定的；

（三）暂予监外执行的情形消失后，罪犯刑期未满的。

对于人民法院决定暂予监外执行的罪犯应当予以收监的，由人民法院作出决定，将有关的法律文书送达公安机关、监狱或者其他执行机关。

不符合暂予监外执行条件的罪犯通过贿赂等非法手段被暂予监外执行的，在监外执行的期间不计入执行刑期。罪犯在暂予监外执行期间脱逃的，脱逃的期间不计入执行刑期。

罪犯在暂予监外执行期间死亡的，执行机关应当及时通知监狱或者看守所。

第二百六十九条　对被判处管制、宣告缓刑、假释或者暂予监外执行的罪犯，依法实行社区矫正，由社区矫正机构负责执行。

第二百七十条　对被判处剥夺政治权利的罪犯，由公安机关执行。执行期满，应当由执行机关书面通知本人及其所在单位、居住地基层组织。

第二百七十一条　被判处罚金的罪犯，期满不缴纳的，人民法院应当强制缴纳；如果由于遭遇不能抗拒的灾祸等原因缴纳确实有困难的，经人民法院裁定，可以延期缴纳、酌情减少或者免除。

第二百七十二条　没收财产的判决，无论附加适用或者独立适用，都由人民法院执行；在必要的时候，可以会同公安机关执行。

第二百七十三条　罪犯在服刑期间又犯罪的，或者发现了判决的时候所没有发现的罪行，由执行机关移送人民检察院处理。

被判处管制、拘役、有期徒刑或者无期徒刑的罪犯，在执行期间确有悔改或者立功表现，应当依法予以减刑、假释的时候，由执行机关提出建议书，报请人民法院审核裁定，并将建议书副本抄送人民检察院。人民检察院可以向人民法院提出书面意见。

第二百七十四条　人民检察院认为人民法院减刑、假释的裁定不当，应当在收到裁定书副本后二十日以内，向人民法院提出书面纠正意见。人民法院应当在收到纠正意见后一个月以内重新组成合议庭进行审理，作出最终裁定。

第二百七十五条 监狱和其他执行机关在刑罚执行中，如果认为判决有错误或者罪犯提出申诉，应当转请人民检察院或者原判人民法院处理。

第二百七十六条 人民检察院对执行机关执行刑罚的活动是否合法实行监督。如果发现有违法的情况，应当通知执行机关纠正。

第五编　特别程序

第一章　未成年人刑事案件诉讼程序

第二百七十七条 对犯罪的未成年人实行教育、感化、挽救的方针，坚持教育为主、惩罚为辅的原则。

人民法院、人民检察院和公安机关办理未成年人刑事案件，应当保障未成年人行使其诉讼权利，保障未成年人得到法律帮助，并由熟悉未成年人身心特点的审判人员、检察人员、侦查人员承办。

第二百七十八条 未成年犯罪嫌疑人、被告人没有委托辩护人的，人民法院、人民检察院、公安机关应当通知法律援助机构指派律师为其提供辩护。

第二百七十九条 公安机关、人民检察院、人民法院办理未成年人刑事案件，根据情况可以对未成年犯罪嫌疑人、被告人的成长经历、犯罪原因、监护教育等情况进行调查。

第二百八十条 对未成年犯罪嫌疑人、被告人应当严格限制适用逮捕措施。人民检察院审查批准逮捕和人民法院决定逮捕，应当讯问未成年犯罪嫌疑人、被告人，听取辩护律师的意见。

对被拘留、逮捕和执行刑罚的未成年人与成年人应当分别关押、分别管理、分别教育。

第二百八十一条 对于未成年人刑事案件，在讯问和审判的时候，应当通知未成年犯罪嫌疑人、被告人的法定代理人到场。无法通知、法定代理人不能到场或者法定代理人是共犯的，也可以通知未成年犯罪嫌疑人、被告人的其他成年亲属，所在学校、单位、居住地基层组织或者未成年人保护组织的代表到场，并将有关情况记录在案。到场的法定代理人可以代为行使未成年犯罪嫌疑人、被告人的诉讼权利。

到场的法定代理人或者其他人员认为办案人员在讯问、审判中侵犯未成年人合法权益的，可以提出意见。讯问笔录、法庭笔录应当交给到场的法定代理人或者其他人员阅读或者向他宣读。

讯问女性未成年犯罪嫌疑人，应当有女工作人员在场。

审判未成年人刑事案件，未成年被告人最后陈述后，其法定代理人可以进行补充陈述。

询问未成年被害人、证人，适用第一款、第二款、第三款的规定。

第二百八十二条 对于未成年人涉嫌刑法分则第四章、第五章、第六章规定的犯罪，可能判处一年有期徒刑以下刑罚，符合起诉条件，但有悔罪表现的，人民检察院可以作出附条件不起诉的决定。人民检察院在作出附条件不起诉的决定以前，应当听取公安机关、被害人的意见。

对附条件不起诉的决定，公安机关要求复议、提请复核或者被害人申诉的，适用本法第一百七十九条、第一百八十条的规定。

未成年犯罪嫌疑人及其法定代理人对人民检察院决定附条件不起诉有异议的，人民检察院应当作出起诉的决定。

第二百八十三条 在附条件不起诉的考验期内，由人民检察院对被附条件不起诉的未成年犯罪嫌疑人进行监督考察。未成年犯罪嫌疑人的监护人，应当对未成年犯罪嫌疑人加强管教，配合人民检察院做好监督考察工作。

附条件不起诉的考验期为六个月以上一年以下，从人民检察院作出附条件不起诉的决定之日起计算。

被附条件不起诉的未成年犯罪嫌疑人，应当遵守下列规定：

（一）遵守法律法规，服从监督；

（二）按照考察机关的规定报告自己的活动情况；

（三）离开所居住的市、县或者迁居，应当报经考察机关批准；

（四）按照考察机关的要求接受矫治和教育。

第二百八十四条 被附条件不起诉的未成年犯罪嫌疑人，在考验期内有下列情形之一的，人民检察院应当撤销附条件不起诉的决定，提起公诉：

（一）实施新的犯罪或者发现决定附条件不起诉以前还有其他犯罪需要追诉的；

（二）违反治安管理规定或者考察机关有关附条件不起诉的监督管理规定，情节严重的。

被附条件不起诉的未成年犯罪嫌疑人，在考验期内没有上述情形，考验期满的，人民检察院应当作出不起诉的决定。

第二百八十五条 审判的时候被告人不满十八周岁的案件，不公开审理。但是，经未成年被告人及其法定代理人同意，未成年被告人所在学校和未成年人保护组织可以派代表到场。

第二百八十六条 犯罪的时候不满十八周岁，被判处五年有期徒刑以下刑罚的，应当对相关犯罪记录予以封存。

犯罪记录被封存的，不得向任何单位和个人提供，但司法机关为办案需要或者有关单位根据国家规定进行查询的除外。依法进行查询的单位，应当对被封存的犯罪记录的情况予以保密。

第二百八十七条 办理未成年人刑事案件，除本章已有规定的以外，按照本法的其他规定进行。

第二章　当事人和解的公诉案件诉讼程序

第二百八十八条 下列公诉案件，犯罪嫌疑人、被告人真诚悔罪，通过向被害人赔偿损失、赔礼道歉等方式获得被害人谅解，被害人自愿和解的，双方当事人可以和解：

（一）因民间纠纷引起，涉嫌刑法分则第四章、第五章规定的犯罪案件，可能判处三年有期徒刑以下刑罚的；

（二）除渎职犯罪以外的可能判处七年有期徒刑以下刑罚的过失犯罪案件。

犯罪嫌疑人、被告人在五年以内曾经故意犯罪的，不适用本章规定的程序。

第二百八十九条 双方当事人和解的，公安机关、人民检察院、人民法院应当听取当事人和其他有关人员的意见，对和解的自愿性、合法性进行审查，并主持制作和解协议书。

第二百九十条 对于达成和解协议的案件，公安机关可以向人民检察院提出从宽处理的建议。人民检察院可以向人民法院提出从宽处罚的建议；对于犯罪情节轻微，不需要判处刑罚的，可以作出不起诉的决定。人民法院可以依法对被告人从宽处罚。

第三章　缺席审判程序

第二百九十一条 对于贪污贿赂犯罪案件，以及需要及时进行审判，经最高人民检察院核准的严重危害国家安全犯罪、恐怖活动犯罪案件，犯罪嫌疑人、被告人在境外，监察机关、公安机关移送起诉，人民检察院认为犯罪事实已经查清，证据确实、充分，依法应当追究刑事责任的，可以向人民法院提起公诉。人民法院进行审查后，对于起诉书中有明确的指控犯罪事实，符合缺席审判程序适用条件的，应当决定开庭审判。

前款案件，由犯罪地、被告人离境前居住地或者最高人民法院指定的中级人民法院组成合议庭进行审理。

第二百九十二条 人民法院应当通过有关国际条约规定的或者外交途径提出的司法协助方式，或者被告人所在地法律允许的其他方式，将传票和人民检察院的起诉书副本送达被告人。传票和起诉书副本送达后，被告人未按要求到案的，人民法院应当开庭审理，依法作出判决，并对违法所得及其他涉案财产作出处理。

第二百九十三条 人民法院缺席审判案件，被告人有权委托辩护人，被告人的近亲属可以代为委托辩护人。被告人及其近亲属没有委托辩护人的，人民法院应当通知法律援助机构指派律师为其提供辩护。

第二百九十四条　人民法院应当将判决书送达被告人及其近亲属、辩护人。被告人或者其近亲属不服判决的，有权向上一级人民法院上诉。辩护人经被告人或者其近亲属同意，可以提出上诉。

人民检察院认为人民法院的判决确有错误的，应当向上一级人民法院提出抗诉。

第二百九十五条　在审理过程中，被告人自动投案或者被抓获的，人民法院应当重新审理。

罪犯在判决、裁定发生法律效力后到案的，人民法院应当将罪犯交付执行刑罚。交付执行刑罚前，人民法院应当告知罪犯有权对判决、裁定提出异议。罪犯对判决、裁定提出异议的，人民法院应当重新审理。

依照生效判决、裁定对罪犯的财产进行的处理确有错误的，应当予以返还、赔偿。

第二百九十六条　因被告人患有严重疾病无法出庭，中止审理超过六个月，被告人仍无法出庭，被告人及其法定代理人、近亲属申请或者同意恢复审理的，人民法院可以在被告人不出庭的情况下缺席审理，依法作出判决。

第二百九十七条　被告人死亡的，人民法院应当裁定终止审理，但有证据证明被告人无罪，人民法院经缺席审理确认无罪的，应当依法作出判决。

人民法院按照审判监督程序重新审判的案件，被告人死亡的，人民法院可以缺席审理，依法作出判决。

第四章　犯罪嫌疑人、被告人逃匿、死亡案件违法所得的没收程序

第二百九十八条　对于贪污贿赂犯罪、恐怖活动犯罪等重大

犯罪案件，犯罪嫌疑人、被告人逃匿，在通缉一年后不能到案，或者犯罪嫌疑人、被告人死亡，依照刑法规定应当追缴其违法所得及其他涉案财产的，人民检察院可以向人民法院提出没收违法所得的申请。

公安机关认为有前款规定情形的，应当写出没收违法所得意见书，移送人民检察院。

没收违法所得的申请应当提供与犯罪事实、违法所得相关的证据材料，并列明财产的种类、数量、所在地及查封、扣押、冻结的情况。

人民法院在必要的时候，可以查封、扣押、冻结申请没收的财产。

第二百九十九条　没收违法所得的申请，由犯罪地或者犯罪嫌疑人、被告人居住地的中级人民法院组成合议庭进行审理。

人民法院受理没收违法所得的申请后，应当发出公告。公告期间为六个月。犯罪嫌疑人、被告人的近亲属和其他利害关系人有权申请参加诉讼，也可以委托诉讼代理人参加诉讼。

人民法院在公告期满后对没收违法所得的申请进行审理。利害关系人参加诉讼的，人民法院应当开庭审理。

第三百条　人民法院经审理，对经查证属于违法所得及其他涉案财产，除依法返还被害人的以外，应当裁定予以没收；对不属于应当追缴的财产的，应当裁定驳回申请，解除查封、扣押、冻结措施。

对于人民法院依照前款规定作出的裁定，犯罪嫌疑人、被告人的近亲属和其他利害关系人或者人民检察院可以提出上诉、抗诉。

第三百零一条　在审理过程中，在逃的犯罪嫌疑人、被告人自动投案或者被抓获的，人民法院应当终止审理。

没收犯罪嫌疑人、被告人财产确有错误的，应当予以返还、赔偿。

第五章　依法不负刑事责任的精神病人的强制医疗程序

第三百零二条　实施暴力行为，危害公共安全或者严重危害公民人身安全，经法定程序鉴定依法不负刑事责任的精神病人，有继续危害社会可能的，可以予以强制医疗。

第三百零三条　根据本章规定对精神病人强制医疗的，由人民法院决定。

公安机关发现精神病人符合强制医疗条件的，应当写出强制医疗意见书，移送人民检察院。对于公安机关移送的或者在审查起诉过程中发现的精神病人符合强制医疗条件的，人民检察院应当向人民法院提出强制医疗的申请。人民法院在审理案件过程中发现被告人符合强制医疗条件的，可以作出强制医疗的决定。

对实施暴力行为的精神病人，在人民法院决定强制医疗前，公安机关可以采取临时的保护性约束措施。

第三百零四条　人民法院受理强制医疗的申请后，应当组成合议庭进行审理。

人民法院审理强制医疗案件，应当通知被申请人或者被告人的法定代理人到场。被申请人或者被告人没有委托诉讼代理人的，人民法院应当通知法律援助机构指派律师为其提供法律帮助。

第三百零五条　人民法院经审理，对于被申请人或者被告人符合强制医疗条件的，应当在一个月以内作出强制医疗的决定。

被决定强制医疗的人、被害人及其法定代理人、近亲属对强制医疗决定不服的，可以向上一级人民法院申请复议。

第三百零六条　强制医疗机构应当定期对被强制医疗的人进行诊断评估。对于已不具有人身危险性，不需要继续强制医疗的，应当及时提出解除意见，报决定强制医疗的人民法院批准。

被强制医疗的人及其近亲属有权申请解除强制医疗。

第三百零七条　人民检察院对强制医疗的决定和执行实行监督。

附　　则

第三百零八条　军队保卫部门对军队内部发生的刑事案件行使侦查权。

中国海警局履行海上维权执法职责，对海上发生的刑事案件行使侦查权。

对罪犯在监狱内犯罪的案件由监狱进行侦查。

军队保卫部门、中国海警局、监狱办理刑事案件，适用本法的有关规定。